大家小书

两宋史纲

张荫麟 著

北京出版集团公司
北京出版社

图书在版编目（CIP）数据

两宋史纲 / 张荫麟著. — 北京 ：北京出版社，2016. 7

（大家小书）

ISBN 978-7-200-12078-3

Ⅰ. ①两… Ⅱ. ①张… Ⅲ. ①中国历史—宋代 Ⅳ. ①K244. 09

中国版本图书馆CIP数据核字（2016）第076990号

总策划：安 东 高立志　　责任编辑：乔天一

· 大家小书 ·

两宋史纲

LIANG SONG SHIGANG

张荫麟 著

*

北京出版集团公司
北京出版社 出版

（北京北三环中路6号 邮政编码：100120）

网 址：www.bph.com.cn

北京出版集团公司总发行

新华书店经销

北京华联印刷有限公司印刷

*

880毫米×1230毫米 32开本 11印张 208千字

2016年7月第1版 2023年10月第4次印刷

ISBN 978-7-200-12078-3

定价：39.00元

质量监督电话：010-58572393

序　　言

袁行霈

“大家小书”，是一个很俏皮的名称。此所谓“大家”，包括两方面的含义：一、书的作者是大家；二、书是写给大家看的，是大家的读物。所谓“小书”者，只是就其篇幅而言，篇幅显得小一些罢了。若论学术性则不但不轻，有些倒是相当重。其实，篇幅大小也是相对的，一部书十万字，在今天的印刷条件下，似乎算小书，若在老子、孔子的时代，又何尝就小呢？

编辑这套丛书，有一个用意就是节省读者的时间，让读者在较短的时间内获得较多的知识。在信息爆炸的时代，人们要学的东西太多了。补习，遂成为经常的需要。如果不善于补习，东抓一把，西抓一把，今天补这，明天补那，效果未必很好。如果把读书当成吃补药，还会失去读书时应有的那份从容和快乐。这套丛书每本的篇幅都小，读者即使细细地阅读慢慢地体味，也花不了多少时间，可以充分享受读书的乐趣。如果把它们当成补药来吃也行，剂量小，吃起来方便，消化起来也容易。

我们还有一个用意，就是想做一点文化积累的工作。把那些经过时间考验的、读者认同的著作，搜集到一起印刷出版，使之不至于泯没。有些书曾经畅销一时，但现在已经不容易得到；有些书当时或许没有引起很多人注意，但时间证明它们价值不菲。这两类书都需要挖掘出来，让它们重现光芒。科技类的图书偏重实用，一过时就不会有太多读者了，除了研究科技史的人还要用到之外。人文科学则不然，有许多书是常读常新的。然而，这套丛书也不都是旧书的重版，我们也想请一些著名的学者新写一些学术性和普及性兼备的小书，以满足读者日益增长的需求。

“大家小书”的开本不大，读者可以揣进衣兜里，随时随地掏出来读上几页。在路边等人的时候，在排队买戏票的时候，在车上、在公园里，都可以读。这样的读者多了，会为社会增添一些文化的色彩和学习的气氛，岂不是一件好事吗?

“大家小书”出版在即，出版社同志命我撰序说明原委。既然这套丛书标示书之小，序言当然也应以短小为宜。该说的都说了，就此搁笔吧。

史学奇才张荫麟及其宋史研究

蒙　木

一、张荫麟生平大概

张荫麟，1905年11月出生于广东东莞石龙镇。1923年考入清华学堂，在清华7年，是一个如饥似渴地在图书馆里钻研的好学生。入学仅半年，即在《学衡》杂志发表《老子生后孔子百余年之说质疑》，对老师梁启超考证老子事迹的提出异议，梁启超叹为天才。他积极参加当时学术界的许多讨论，公开撰文批评胡适、郭沫若、梁漱溟、顾颉刚、冯友兰诸先进的思想和著作。1929年毕业后，获公费到美国斯坦福大学攻读西洋哲学史和社会学。1933年他在斯坦福大学致信张其昀（1900—1985）表示，自己将以史为志业，学习哲学、社会学是为治史做准备，希望从哲学中得到“超放之博观与方法之自觉”，从社会学明了“人事之理法”。是年冬，张荫麟获哲学博士学位后归国。

陈寅恪向傅斯年特地推荐说："张君为清华近年学生品学俱佳者中之第一人，弟尝谓庚子赔偿之成绩，或在此一人之身也。……其人记诵博洽而思想有条理，若以之担任中国通史课，恐现今无更较渠适宜之人。若史语所能罗致之，则必为将来最有希望之人才。"因为史语所经费困难，张荫麟回到清华历史、哲学两系任教，并兼任北大一门历史哲学的功课，常常看书写文章至夜深不睡。受聘当年，他加入了吴晗等发起的史学研究会，又与容庚、容肇祖、徐中舒、商承祚等发起成立金石学会，与容庚、顾颉刚、洪业等创办《大公报·史地周刊》；史哲双栖，他稍后和贺麟又一起参加了冯友兰、汤用彤、金岳霖等1935年创立的中国哲学会。1935年，因傅斯年推荐，张荫麟应教育部之聘编撰高中历史教材《中国史纲》。抗战爆发后南下，1938年任西南联大教授，讲授宋史和逻辑学。因为婚变、待遇等原因，1940年7月他离开昆明赴遵义浙江大学任文学院史地系教授，主讲中国上古史、唐宋史和历史研究法。按照张荫麟自己的说法，《东汉前中国史纲》于是年刊布，他在自序中写道："在这抱残守缺的时日，回顾过去十年来新的史学研究的成绩，把他们结集，把他们综合，在种种新史观的提警之下，写出一部分新的中国通史，以供一个民族在空前大转变时期的自知之助，岂不是史家应有之事吗？"

这本书既不重考证，也不繁琐征引，而是融会贯通后，用“讲故事”的笔法，画出四千年来动的历史，开通俗性通史之新河，好评如潮。钱穆说：“常谓张君天才英发，年力方富，又博通中西文哲诸科……则中国新史学之大业，殆将于张君之身完成之。”张其昀说：“《中国史纲》一书是呕心沥血的著作，他常常工作至午夜以后，因此就深伏了病源。本书价值，识者自有公评，即就文字而论，亦用力至勤。世人多惊羡其文笔之粹美，以为胜过一般文学创作，不知其字字珠玑，皆为潜心涵泳几经锤炼而后成。”后来陈梦家推许这本书为“历史教科书中最好的一本创作”。

1941年夏，他还与张其昀等浙大同人创办《思想与时代》杂志，试图“在建国时期从事思想上的建设，同时想以学社为中心，负荷国史编纂之业，刊行《国史长编丛书》”。这时期，张荫麟治史重心转为宋史，“搜宋人文集笔记殆遍，论宋事诸篇精审越古作者，读书著文恒达旦。”熊十力说：“荫麟方在盛年，神解卓特，胸怀冲旷，与人无城府，而一相见以心。使天假之年，纵其所至，则其融哲史两方面，而特辟一境地，恢前业而开方来，非荫麟其谁属乎？”但当学界普遍寄予厚望时，他因为慢性肾脏炎又缺医少药，全身浮肿，病痛的折磨令他难以忍受，常常号啕大叫，于1942年10月24日不幸病逝，年仅37岁。张效乾回忆说："荫麟师在病危的时候，犹朗诵《庄子·秋水篇》。……声音悲凉，诵后似感舒畅，默然无语。"

"道无终始，物有死生，不恃其成。"但死与生的距离如此之近！学界同人莫不悲悼。吴宓先生声泪俱下，惋叹不已，挽联曰："玉碎珠沉怜尔我，麟伤凤逝黯人天。"在日记中，他写道："英才早逝，殆成定例。宓素以荫麟为第二梁任公，爱其博雅能文，而惜其晚岁《中国通史》之作，创为新体……且未卒业而殂逝，亦与任公同。"熊十力、陈寅恪、冯友兰、朱自清、钱穆、张其昀、王芸生、贺麟、吴晗、钱锺书等名流纷纷以诗文纪念他。陈寅恪写有《挽张荫麟二首》："流辈论才未或先，著书何止牍三千。共谈学术惊河汉，与叙交情忘岁年。"朱自清《挽张素痴》五古："淋漓修国史，巨眼几挥斤。自古才为累，天悭狷与狂。"钱锺书《伤张荫麟》五古诗中说："清晨起读报，失声惊子死。天翻大地覆，波云正谲诡。绝知无佳讯，未忍置不视。赫然阿堵中，子占一角纸。"

最后附带说一下张荫麟的学术辈分，以便读者对他有一个清晰的定位：他比顾颉刚（1893—1980）、洪业（1893—1980）、容庚（1894—1983）、钱穆（1895—1990）、傅斯年（1896—1950）、李济（1896—1979）等略晚，亦师亦友；

作为梁启超、王国维、陈寅恪、吴宓的学生，比吴晗（1909—1969）、夏鼐（1910—1985）、钱锺书（1910—1998）稍长。

二、张荫麟的宋史研究

张荫麟是最早在大学里开设宋史课程的教授之一，宋史研究更是他人生后半段的学术重心所在，“搜宋人文集笔记殆遍，论宋事诸篇精审越古作者，读书著文恒达旦。”他在西南联大指导丁则良（1915—1957）、李埏（1914—2008），在浙大指导徐规（1920—2010）等治宋史。顾颉刚检点现当代中国史学断代史研究的成就，认为宋史研究以邓广铭和张荫麟贡献最大。吴晗说张荫麟“已写成的论文有六七篇，都很精警，有独到之处”。

其实总括张荫麟关于宋史文章逾二十篇。最引人注目的还是他志在写两宋通史的努力。据他去世一年后《思想与时代》第27期发表的《北宋四子之生活与思想》前面的编者识说：

> 先生于《中国史纲》宋史部分，拟作五章：（一）宋朝的开国和开国规模；（二）北宋的外患与变法；（三）宋代的文学与思想；（四）女真的兴起与宋金的和

战；（五）蒙古的兴起与金宋的覆灭。

早在1935年，他发表的高中本国史教科书草目，第三十五章至第四十二章是关乎宋代的，篇目依次是：

> 宋的建国及其规制；宋与契丹、西夏；北宋的社会及文物；庆历新政与熙宁新法；女真的兴起和宋室的南渡；南宋的社会和文物；朱熹的理学；辽国的社会和文物。

显见同人的编者识所言是作者早年草目的修正。作者认为写通史，就是要明晰、有趣地普及那些人人应知，而无人能否认的历史常识，这个常识的取舍按照所谓“新异性”“实效”“文化价值”“现状渊源”四重标准，依次说也就是：内容的特殊性、牵涉和间接影响于人群的苦乐、增进真与美、启发当代问题的理解和解决（参阅《论史实之选择与综合》）。他写作通识的思路就是选择少数的节目为主题给所选节目以相当透彻的叙述，社会的变迁、思想的贡献和若干重大人物的性格，兼顾并详。（参《东汉前中国史纲·自序二》）张荫麟对好友谢幼伟说，写考据文章易，写通史文字难，张荫麟特别注意历史的美学价值。谢幼伟回忆在遵义曾看张荫麟写《中国史纲》关于宋史部分的几章，“原稿涂改之处甚多”。

所以本书将《思想与时代》第27期编者识看作张荫麟写《两宋史纲》的纲目，以此排比他关于两宋的文章。

《两宋史纲》第一章是作者生前审定发表的。通史原为普及，缺略是难免的，因此本书将其相关的六篇论文附录于后。第一篇质疑金匮之约的真实性也就是质疑宋太宗继位的合法性；第二篇《宋太祖誓碑及政事堂刻石考》，涉及宋代政治史上两个很重要的关节，是后来宋史研究者不得不面对的课题。最可注意的是《宋代南北社会之差异》一篇，该文所论述的宋代中国经济文化中心南移，确为中国历史发展的一大关捩点。《北宋的土地分配与社会骚动》是用社会统计方法研究历史的一个尝试，其结论很有意思：社会骚动与土地的集中没有直接关系，也就是说反抗最激烈的地方未必是被压榨最残酷的地方。至于王小波、李顺之乱，一经拈出，后来成为我们主流历史教科书脍炙人口的故事。

第二章，北宋的外患与变法，也是已经发表的成稿，将庆历新政和熙宁变法一并写来，参酌人物轶事，将范仲淹和王安石的人格形象写得非常生动。1937年他拟就的《儿童中国史》目录关乎宋代的英雄人物传包括：寇准、范仲淹、王安石、宗泽、孟珙、文天祥。因为抗日期间，张荫麟对抵御外侮和对内改革弊政的历史英雄是格外注意的。

第三章，宋代的文学与思想。他只是开了一个头，这便是“北宋四子之生活与思想”。附录四篇，主要是他关于太极说和陆九渊思想的讨论。这里显然缺少了朱熹理学这个关键点。张荫麟本来是学哲学的，他对宋代全面思想论述的缺失让人倍感遗憾。欧阳修、苏轼、辛弃疾的文学成就是全部缺略了，仅仅有一篇《曾南丰先生年谱序》，鉴于文章性质以及曾巩在中国文学史中不甚显赫，本书未收。该文非常简短，大致观点是：文章与世运为隆污。五代之文芜而弱，太祖、太宗两朝馆阁篇章不过五代之余；王禹偁、杨亿有才无识；尹洙有识无才。直到欧阳修奋起提倡古文，加之东坡之宏肆，王安石之奇峭，曾巩之质健严整才成就盛宋文学的规模。

第四章是全缺的。附录两篇，一是《跋折公墓志铭》，主要彰显张荫麟对出土资料的重视；同时钩沉折可存（1096—1126）这位宋史无传的将领，他有抵御西夏和抗金经历，还可资考辨方腊和宋江故事。二是刘锜与顺昌之战，这是南宋抗金战争中，以少胜多、以步制骑的著名战例。至于大家耳熟能详的岳飞、韩世忠的抗金故事，抱憾而缺。

第五章也是全缺的。附录三篇，主要是一质疑端平入洛的是非曲直，二关于南宋的军队、民生和财政等问题，说明南宋之亡的历史之由。张荫麟另有《南宋末年的民生与财政》，写得清晰易懂，只是内容完全和稍后的《南宋亡国史补》的第二部分相叠合，且材料不如后者丰赡，所以本书未收。

张荫麟的宋史研究成果大致荟萃于斯。

目 录

第一章　宋朝的开国和开国规模

（一）

后周世宗以三十四岁的英年，抱着统一中国的雄心，而即帝位。他即位不到一个月，北汉主刘崇联合契丹入寇，他便要去亲征。做了四朝元老的长乐老冯道极力谏阻。世宗说：“从前唐太宗创业，不是常常亲征的么？我怕什么？”冯道却说：“唐太宗是不可轻易学的。”世宗又说：“刘崇乌合之众，王师一加，便好比泰山压卵。”冯道却怀疑道：“不知道陛下作得泰山么？”世宗看他的老面，不便发作，只不理睬，径自决定亲征。周军在高平（即今山西高平）遇到敌人。两军才开始交锋，周军的右翼不战而遁，左翼亦受牵动，眼见全军就要瓦解。世宗亲自骑马赶上前线督战，并且领队冲锋，周军因而复振，反把敌军击溃，杀到僵尸弃甲满填山谷。在凯旋道中，世宗齐集将校，大排筵席来庆祝，那些临阵先逃的将校也行无所事地在座。世宗突然声数他们的罪状，喝令他们跪下受刑。说着，壮士们便动手，把七十多个将校霎时斩讫，然后论功行赏。接着他率军乘胜直取太原，却无功而还。

经这一役，世宗深深感觉到他的军队的不健全。回到汴京后不久，便着手整军。这里我们应当略述后周的军制。像唐末以来一般，这时州郡兵为藩镇所私有，皇室不能轻易调遣。皇室所有的军队即所谓禁军。禁军分为两部：一殿前军；二侍卫亲军。两部之上，不置总帅。侍卫亲军虽名为亲，其实比较和皇帝亲近的却是殿前军。侍卫亲军分马、步两军，而殿前军则无这样的分别。大约前者是量多于后者，而后者则质优于前者。世宗一方面改编全部禁军，汰弱留强；一方面向国内各地召募豪杰，不拘良民或草寇，以充实禁军。他把应募的召集到阙下，亲自试阅，挑选武艺特别出众、身材特别魁伟的，都拨入殿前军。

世宗不独具有军事的天才，也具有政治的头脑。他奖励垦荒，均定田赋。他曾为经济的理由，废除国内大部分的寺院，并迫令大部分的僧道还俗。他以雷霆的威力推行他的政令，虽贤能有功的人也每因小过而被戮，但他并不师心自用。他在即位次年的《求言诏》中甚至有这样的反省："自临宸极，已过周星。至于刑政取舍之间，国家措置之事，岂能尽是？须有未周。朕犹自知，人岂不察？而在位者未有一人指朕躬之过失，食禄者曾无一言论时政之是非！"他又曾令近臣二十余人，各作《为君难为臣不易论》一篇和《平边策》一篇，供他省览。"平边"是他一生的大愿，可惜他的平边事业只做到南取南唐的淮南江北之地，西取后蜀的秦、凤、阶、成四州，北从契丹收复瀛、莫二州，便赍志而殁，在位还不到六年，遗下二个七岁以下的幼儿和臣下对他威过于恩的感想。

世宗死于显德六年（959）六月，在临死的一星期内，他把朝内外重要的文武职官，大加更动。更动的经过，这里不必详述，单讲他对禁军的措置。殿前军的最高长官是正副都点检，其次是都指挥使。侍卫亲军的最高长官是正副都指挥使，其次是都虞候。世宗对禁军要职的最后“人事异动”，可用表显示如下：

<table>
<tr><th></th><th>职　位</th><th>原　任</th><th>更　定</th><th>附　注</th></tr>
<tr><td rowspan="3">殿前军</td><td>都点检</td><td>张永德</td><td>赵匡胤</td><td rowspan="3">此据《旧五代史·周恭帝纪》，《宋史》本传误</td></tr>
<tr><td>副都点检</td><td>慕容延钊</td><td>慕容延钊</td></tr>
<tr><td>都指挥使</td><td>赵匡胤</td><td>石守信</td></tr>
<tr><td rowspan="3">侍卫军</td><td>都指挥使</td><td>李重进</td><td>李重进</td><td></td></tr>
<tr><td>副都
指挥使</td><td>未详
（或缺员）</td><td>韩　通</td><td></td></tr>
<tr><td>都虞候</td><td>韩　通</td><td></td><td></td></tr>
</table>

其中最可注意的是张永德的解除兵柄和赵匡胤的超擢。张

永德是周太祖的驸马（世宗是周太祖的内侄兼养子），智勇善战，声望久隆，显然，世宗不放心他。赵匡胤是洛阳人，与其父弘殷俱出身军校，在周太祖时，已同隶禁军。高平之役，匡胤始露头角，旋拜殿前都虞候。其后二年，以从征淮南功，始升殿前都指挥使。他虽然年纪略长于张永德（世宗死时匡胤三十四岁），勋望却远在永德之下。但他至少有以下的几件事，给世宗很深的印象。他从征淮南时，有一次驻兵某城。半夜，他的父亲率兵来到城下，传令开城。他说："父子固然是至亲，但城门的启闭乃是王事。"一直让他的父亲等到天亮。从征淮南后，有人告他偷运了几车财宝回来，世宗派人去检查，打开箱笼，尽是书籍，一共有几千卷，此外更无他物。原来他为人沉默寡言，嗜好淡薄，只是爱书，在军中是时常手不释卷的。南唐对后周称臣讲好后，想离间世宗对他的信任，尝派人送他白银三千两，他全数缴呈内府。从殿前都点检的破格超升，可见在这"易君如骰棋"的时代，世宗替他身后的七岁幼儿打算，认为在军界中再没有比赵匡胤更忠实可靠的人了。

（二）

世宗死后半年，在显德七年（960）的元旦，朝廷忽然接到北边的奏报，说北汉又联合契丹入寇。怎样应付呢？禁军的四巨头中，李重进（侍卫都指挥使，周太祖的外甥）是时已领兵出镇扬州；绰号“韩瞠眼”的韩通（侍卫副都指挥使），虽然对皇室特别忠勤，却是一个毫无智谋的老粗，难以独当一面。宰相范质等不假思索，便决定派赵匡胤和慕容延钊（副都点检）出去御敌。

初二日，慕容延钊领前锋先行。是日，都城中突然喧传明天大军出发的时候，就要册立赵点检做天子。但有智识的人多认为这是无根的谣言。先前也有人上书给范质说赵匡胤不稳，要加提防。韩通的儿子，绰号韩橐驼的，也劝乃父及早设法把赵匡胤除掉。但是他做都点检才半年，毫无不臣的痕迹，谁能以小人之心度君子之腹呢？但这一天不知从何而来的关于他的谣言，却布遍了都城，有钱的人家纷纷搬运细软，出城躲避。他们怕什么？稍为年长的人都记得：恰恰十年前，也是北边奏报契丹入寇，也是派兵出征。约莫一个月后，出征的军队掉头回来，统兵的人就做了皇帝（即周太祖）。他给部下放了三天假，整个都城几乎被抢掠一空。现在旧戏又要重演了罢。

初三日，赵匡胤领大军出发。城中安然无事，谣言平息。

初四日上午，出发的军队竟回城了！谣言竟成事实了！据说队伍到了陈桥，当天晚上军士忽然哗变，非要赵点检做天子不可，他只得将就。但出乎大家意料之外的，这回军士却严守秩序，秋毫无犯。在整个变局中，都城里只发生过一次小小的暴行。是日早朝还未散，韩通在内庭闻变，仓皇奔跑回家，打算调兵抵抗，半路给一个军校追逐着，才到家，来不及关门便被杀死，那军校把他全家也屠杀了。都城中已没有赵匡胤的敌人了，一切仪文从略。是日傍晚，赵匡胤即皇帝位。因为他曾领过宋州节度使的职衔，定国号为宋，他便是宋太祖。

在外的后周将帅中，不附宋太祖的，唯有镇守扬州一带的李重进和镇守潞州一带的李筠。四月，李筠结合北汉（占今山西全省除东南隅及雁门关以北）首先发难。李重进闻讯，派人去和他联络，准备响应。那位使人却偷到汴京，把扬州方面的虚实告诉了宋太祖，并受了密旨，回去力劝重进不可轻举。重进听信了他，按兵不动。北汉和后周原是死对头，而李筠口口声声忠于后周，双方貌合神离。他又不肯用谋士的计策：急行乘虚西出怀孟，占领洛阳为根据，以争天下；却困守一隅，坐待挨打。结果，不到三个月，兵败城破，赴火而死。九月，李重进在进退两难的情势下勉强起兵。他求援于南唐，南唐反把他的请求报告宋朝。他还未发动，亲信已有跳城归宋的。他在狐疑中，不问皂白，把三十多个将校一时杀掉。三个月内，扬州也陷落，他举家自焚而死。

（三）

宋太祖既统一了后周的领土，进一步便着手统一中国。是时在中国境内割据自主的区域，除宋以外，大小有八。兹按其后来归入宋朝的次序，列表如下：

区域	今　　地	统治者名义	入宋年
荆南	湖北江陵以西及四川峡道	宋荆南节度使	963
湖南	略当湖南省	宋武平节度使	963
蜀	四川省除峡道	称帝	965
南汉	两广全部及湖南一部分	称帝	966

续表

区域	今　　地	统治者名义	入宋年
南唐	苏皖的长江以南区湖北东南部(包括武昌)江西全部及福建西部	称唐国主奉宋正朔	975
闽南	福建漳泉一带	唐清源节度使	978
吴越	浙江全部福建东北部及江苏苏松区	称吴越王奉宋正朔	978
北汉	山西全省除东南隅及雁门关以北	称帝	979

太祖的统一工作，大致上遵守着“图难于其易”的原则。荆南、湖南皆地狭兵寡，不足以抗拒北朝，过去只因中原多故，或因北朝把它们置作后图，所以暂得苟全。太祖却首先向它们下手。他乘湖南内乱，遣军假道荆南去讨伐。宋军既到了荆南，却先把它灭掉，然后下湖南。既定两湖，便西溯长江，南下阁道，两路取蜀。蜀主孟昶是一纨绔少年，他的溺器也用七宝装成。他的命运，可用他的一个爱妃（花蕊夫人）的一首诗来交代：

君王城上竖降旗，妾在深宫那得知！

十四万人齐解甲，宁无一个是男儿？

这些解甲的军士中，至少有二万七千被屠，而宋兵入蜀的只有三万。

次取南汉。南汉主刘𬬮比孟昶更糟，是一变态的糊涂虫，成日家只在后宫同波斯女之类胡缠。国事委托给宦官，仅有的一二忠臣良将，因随便的几句谗言，便重则族诛，轻则赐死。他最后的办法是把珍宝和妃嫔载入巨舶，准备浮海。这些巨舶却给宦官盗走，他只得素衣白马，叩首乞降。

次合吴越夹攻南唐。南唐主李煜是一绝世的艺术天才，在中国文学史中，五代是词的时代，而李煜（即李后主）的词，凄清婉丽，纯粹自然，为五代冠。读者在任何词的选本中都可以碰到他的作品。他不独爱文学，也爱音乐、书画以及其他一切雅玩，也爱佛理，更爱女人。在一切这些爱好的沉溺中，军事、政治、俗务的照顾，只是他的余力之余了。他遇着宋太祖，正是秀才遇着兵，其命运无待龟蓍。以下是他在被俘入汴途中所作的词：

帘外雨潺潺，春意阑珊。罗衾不耐五更寒。梦里不知身是客，一晌贪欢。

独自莫凭栏！无限江山，别时容易见时难。流水落花春去也，天上人间！

和李煜的文雅相称，宋军在南唐也最文明，至少在它的都城（今南京）是如此。“曹彬下江南，不妄杀一人”，历史上传为美谈。但江州城（今九江）为李煜坚守不降，后来陷落，全城被屠，横尸三万七千。

南唐亡后次年，太祖便死，寿仅五十，遗下吴越、闽南和北汉的收拾工作给他的继承者，他的胞弟赵匡义，即宋太宗。吴越王钱俶一向以对宋的恭顺和贿赂作他的地位的保障。南唐亡后，他亲自入朝，临归，太祖交给他一个黄包袱，嘱咐他在路上拆看。及拆阅，尽是群臣请扣留他的奏章，他为之感激涕零。太宗即位后，他又来朝，适值闽南的割据者自动把土地献纳。他恐惧，上表请除去王号和其他种种优礼，同时求归。这回却归不得了！他只得照闽南的办法，也把土地献纳。

最后，宋朝可以用全副精神和全部力量图谋北汉了。北汉地域虽小，却是一个顽敌，因他背后有契丹的支持。自从太祖即位以来，它曾屡次东侵，太祖也曾屡加讨伐——有二次兵临太原（北汉都城）城下。其中一次，太祖并且亲征。但太祖终于把它放过了。太祖是有意暂时放过它的。他有这样的考虑：北汉北接契丹，西接西夏。北汉本身并不怎样可怕，它存在，还可以替宋朝作西北的缓冲；它若亡，宋朝和这两大敌的接触面便大大增加，那是国防上一个难题。但这难题可暂避而不能终免。吴越归地后不到一年，太宗更大举亲征北汉。契丹照例派兵去救，前军到达白马岭（今山东孟县东北），与宋军只隔一涧。主帅主张等后军到齐，然后决战，监军却要尽先急击，主帅拗不过他，结果契丹军渡涧未半，为宋军所乘，大溃。监军及五将战死，士卒死伤无算。宋军进围太原城。在统一事业中，这是九仞为山的最后一篑之功了。军士冒犯矢石，奋勇争先地登城，甚至使太宗怕死伤过多，传令缓进。半月，城陷，北汉主出降。太宗下令毁太原城，尽迁其居民于榆次。军士放火烧城，老幼奔赴城门不及，烧死了许多。（唐五代之太原，在今太原西南三十里。太宗毁太原城后，移其州治，即今太原省会。）

（四）

太祖、太宗两朝，对五代制度的因革损益，兹分三项述之如下：（1）军制与国防，（2）官制与科举，（3）国计与民生。

五代是军阀的世界。在稍大的割据区域内，又分为许多小割据区，即“节度使”的管区。节度使在其管区内尽揽兵、财、刑、政的大权，读者从不久以前四川“防区”的情形，便可以推想五代的情形。太祖一方面把地方兵即所谓厢兵的精锐，尽量选送到京师，以充禁军，又令厢兵此后停止教练。这一来厢兵便有兵之名无兵之实了。厢兵的编制是每一指挥使管四五百人。每大州有指挥使十余员，次六七员，又次三四员。每州有一马步军都指挥使，总领本州的厢兵；而直隶于中央的侍卫司，即侍卫亲军的统率处。在另一方面，太祖把节度使的行政权和财权，逐渐移归以文臣充任的州县官。这一来“节度使”在宋朝便成为一种荣誉的空衔了。

禁军的组织，大体上仍后周之旧，惟殿前正副都点检二职，经太祖废除。殿前和侍卫的正副都指挥使在太宗时亦缺而不置，后沿为例，因此侍卫军的马、步两军无所统属，而与殿前军鼎立，宋人合称之为“三衙”。禁军的数目，太祖时约有二十万，太宗时增至二十六万。禁军约有一半驻屯京城及其附近，其余一半则分戍边境和内地的若干重镇（禁军外戍分布的详情，是一尚待探究的问题）。其一半在内而集中，另一半在外而分散。这样，内力永远可以制外，而尾大不掉的局面便无法造成了。太祖又创“更戍法”：外戍各地的禁军，每一或二年更调一次。这一来，禁军可以常常练习行军的劳苦而免怠惰，同时镇守各地的统帅不随戍兵而更动，因此“兵无常帅，帅无常师”，军队便无法成为将官的私有了。

厢军和禁军都是雇佣的军队。为防止兵士逃走，他们脸上都刺着字。此制创自后梁，通行于五代，而宋朝因之。兵士大多数是有家室的。厢兵的饷给较薄，不够他们养家，故多营他业。禁兵的饷给较优，大抵勉强可够养家。据后来仁宗庆历间一位财政大臣（张方平）的报告，禁军的饷给“通人员长行（长行大约是伕役之类）用中等例（禁军分等级，各等级的饷类不同）：每人约料钱（每月）五百，月粮两石五斗，春、冬衣紬绢六匹，绵十二两，随衣钱三千。……准例（实发）六折”；另外每三年南郊，大赏一次，禁兵均每人可得十五千左右。除厢、禁军外，在河北、河东（今山西东）及陕西等边地，又有由农家壮丁组成的民兵。平时农隙受军事训练，有事时以助守御，而不支官饷。

这里我们应当涉及一个和军制有关的问题，即首都位置的问题。宋都汴梁在一大平原中间，四边全无险阻可资屏蔽，这是战略上很不利的地形。太祖曾打算西迁洛阳，后来的谋臣也每以这首都的地位为虑。为什么迁都之议始终没有实行，一直到了金人第一次兵临汴梁城下之后，宋帝仍死守这地方，等金人第二次到来，而束手就缚呢？我们若从宋朝军制的根本原则、从主要外敌的所在、从经济地理的形势各方面着想，便知道宋都有不能离开汴梁的理由。第一，在重内轻外的原则下，禁军的一半以上和禁军家属的大部分集中在京畿，因此军粮的供应和储蓄为一大问题。随着禁军数量的增加，后来中央政府所需于外给的漕粮，每年增至六七百万石，而京畿的民食犹不在内。在这样情形下，并在当时运输能力的限制下，政治的重心非和现成的经济的重心合一不可。自从唐末以来，一方面因为政治势力由西而东移，一方面因为关中叠经大乱的摧毁和水利交通的失理，汉唐盛时关中盆地的经济繁荣和人口密度，也移于华北平原。汴梁正是这大平原的交通枢纽，经唐、五代以来的经营，通渠四达，又有大运河以通长江。宋朝统一后，交通上的人为限制扫除，它便随着成为全国的经济中心了。第二，宋朝的主要外敌是在东北，它的边防重地是中山（今河北定县）、河间、太原三镇，而在重内轻外的原则下，平时兵力只能集中在京畿，而不能集在其他任何地点。因此，都城非建筑在接近边防重镇且便于策应边防重镇的地点不可。汴梁正适合这条件。

（五）

中央政府的组织，大体上沿袭后周。唐代三省和御史台的躯壳仍然保存，但三省的大部分重要职权，或实际上废除，如门下省的封驳（“封”谓封还诏书，暂不行下，“驳”谓驳正台议），或移到以下几个另外添设的机关：（1）枢密院（创始于后唐）掌军政，与宰相（即“同中书门下平章事”）所主的政事堂对立，并在禁中，合称二府。院的长官（或称“枢密使”，或称“知枢密院事”，或称“签事枢密院事”）的地位也与宰相抗衡。（2）三司使司（创始于后唐）掌财政，三司使下辖盐铁、度支和户部三使，宋初以参知政事（即副宰相，太祖时创置）或宰相兼领，后置专使。（3）审官院（不知创于何时，后分为审官东院与流内铨）掌中下级文官的铨选，其上级文官的铨选则归中书省。（4）三班院（不知创于何时，后分为审官西院与三班院）掌中下级武官的铨选，其上级武官的铨选则归枢密院。（5）审刑院（创始于太宗时）主复核刑部奏上的重案。枢密院分宰相及兵部之权，三司使分户部之权，审官院分吏部之权，三班院再分兵部之权，审刑院分刑部之权。

地方行政的区域有三级，自下而上是：（1）县；（2）府、州、军、监，通称为郡；（3）路。在郡的四类中，府是经济上或军事上最重要的区域，其数目最少，其面积却最大。通常州所管辖的县数较府为少。军次之，至多只三县，少则一县。监则尽皆只占一县。设监的地方必定是矿冶工业或国家铸钱工厂等所在的地方，监的长官兼管这些工业的课税和工厂的事务。宋初在郡县制度上有两项重要的变革。一是郡设通判（大郡二员，小郡一员，不满万户的郡不设），以为郡长官的副贰，郡长官的命令须要他副署方能生效；同时他可以向皇帝上奏，报告本郡官吏的良劣和职事的修废。因为通判的权柄这样大，郡的长官就很不好做。宋人有一传为话柄的故事如下：有一杭州人，极好食蟹。他做京朝官做腻了，请求外放州官（宋朝京官得请求外放并且指明所要的郡县），有人问他要那一州，他说我要有蟹食而没有通判的任何一州。二是县尉（县尉制始于汉朝）的恢复。在五代，每县盗贼的缉捕和殴斗的案件，由驻镇的军校管理，县政府无从过问。宋初把这职权归还县政府，复设县尉以司之。路的划分在宋代几经更改，这里不必详述。太宗完成统一后将全国分为十路，其后陆续于各路设一转运使，除总领本路财赋外，并得考核官吏，纠察刑狱，兴利除弊，几于一路之事无所不管。后来到真宗（太宗子）时，觉得转运使的权太大，不放心，又于每路设一提点刑狱司，将转运使纠察刑狱之权移付之。宋人称转运使司为漕司，提点刑狱司为监司。

宋在变法以前的科举制度，大体上沿袭唐朝，进士科独尊。以后的规模，但有以下的更革：（1）唐朝每年一举进士，每举以一二十人为常，至多不过三四十人。宋朝每四年一举进士，在太宗时每举常一二百人，后来有多至五六百人的。（2）唐朝进士考试不弥封，不糊名，考官亦不专凭试卷去取，而可以参考举子平日的声誉。因此举子在考试之前，照例把自己的诗赋或其他著作，向权要投献，望他们赏识、延誉，以至推荐。宋朝自真宗（一说太宗）时定糊名制以后，试官于举子只能凭试卷去取了。（3）唐朝进士经礼部录取后，即算及第。宋朝则礼部录取后，还要到殿庭复试，由皇帝亲自出题，这叫作“殿试”。及第与否和及第的等次，是在殿试决定的（仁宗某年以后，殿试只定等，不关去取）。（4）唐朝进士及第后，如想出仕，还要经吏部再定期考选。“吏部之选，十不及一”，因此许多及第的进士等到头白也得不到一官。宋朝的进士，一经及第，即行授职，名次高的可以得到通判、知县或其他同等级官职。（5）宋朝特定宗室不得参与科试。

从上面所述科举制度的更革，已可以看出宋朝对士大夫的特别优待。但宋朝士大夫所受的优待还不止此。像“官户”免役、免税及中上级官吏“任子”（子孙不经“选举”，特准宦仕）的特权，固然沿自前代（汉代），但宋朝官吏“任子”的权利特别大。台省官六品以上，它官五品以上，每三年南郊大礼时，都有一次“任子”的机会，每次品级最低的荫子或孙一人，品级最高的可荫六人，不拘宗人、外戚、门客以至“医人”（家庭医生）。此外大臣致仕时有“致仕恩泽”，可荫若干人；死后有“遗表恩泽”，可荫若干人。因为科举名额之多，仕途限制之宽和恩荫之广，宋朝的闲职、冗官特别多，且日增无已，到后来官俸的供给竟成为财政上的大问题了。更有一由小可以见大的优待士大夫的制度：太祖于每州创立一“公使库”，专以款待旅行中的士大夫。据一个曾受其惠的人的记录：“公使库……遇过客（自然不是寻常的过客）必馆置供馈……使人无旅寓之叹。此盖古人传食诸侯之义。下至吏卒（随从）批支口食之类，以济其乏食。承平时，士大夫造朝不赍粮，节用者犹有余以还家。归途礼数如前，但少损。”太祖还有一个远更重大的优待士大夫的立法。他在太庙藏一传诸子孙的密约：“誓不杀大臣及言事官。”规定以后每一皇帝于即位之前，在严重的仪式下，独自开阅这誓约。这誓约对宋代政治的影响，读者以后将会看到。

（六）

宋初财政收入的详细节目，大过繁琐，这里不能尽述，举其重要的如下：（1）“两税”（分夏、秋两季征纳的田赋和资产税）。沿唐旧制，而大致仍五代加重的额数，约为唐代的六倍。其中田赋一项，通常每亩产谷十五石而抽一斗（依当时度量），但因为逃税的结果（上官册的田只占垦田实额约十分之三），大多数豪强或显达田主实纳的田赋远较上设的比率为轻。（2）政府专卖的物品，除沿自唐季的盐、茶、酒，沿自五代的矾外，又有自外海输入的香料。此外，苛税之沿自五代的有（3）通过税（即近代的厘金）。每关抽货价的百分之二（现款亦照抽）。又有（4）身丁钱，即人头税。此税只行于江淮以南，迄于闽广（四川除外），因为五代以来本是如此。这种税的负担，加上别的原因，使得这区域的贫民无法维持他们所不能不继续孳生的人口，因而盛行杀婴的习俗。宋朝大文豪苏东坡于这习俗，有一段很深刻的描写。他写给一位鄂州知州的一封信道：

昨……王殿直天麟见过……言岳、鄂间田野小人例只养二男一女。过此，辄死之。尤讳养女……辄以冷水浸杀之。其父母亦不忍，率常闭目背面，以手按之水盆中，咿嘤良久乃死。……天麟每闻其侧近有此，辄驰救之，量与衣服、饮食，全活者非一。……鄂人有陈光亨者，今已及第，为安州司法。方其在母也，其舅陈遵梦一小儿援其衣，若有所诉。比两夕辄见，其状甚急。遵独念其姊有娠将产，而意不乐多子，岂其应是乎？驰往省之，则已在水盆中矣。救之得免。

这是宋朝的黄金时代的一斑。

人民除赋税的负担外，还有差役的负担。差役有四种：一是押运官物，二是督征赋税，三是逐捕盗贼，四是在州县衙门供使唤或管杂务。民户分九等，上四等服役，下五等免役。押运（即所谓衙前）和督赋（即所谓里正），最是苦差，当者要负赔偿损失的责任，每至倾家荡产，并且坐牢。宋朝名将韩琦当知并州时，在一封论及役法的奏疏里有这样的描写：

州县生民之苦，无重于里正、衙前。兵兴以来，残剥尤甚。至有孀母改嫁、亲族分居或弃田与人，以免上等。

或非分求死，以就单丁。规图百端，苟脱沟壑之患。

这是宋朝的黄金时代的又一斑。

在五代，一方面军阀横行，一方面豪强的兼并也变本加厉。军阀是给太祖兄弟以和平的手段解决了，但豪强的兼并并不妨碍他们的政权，所以他们也熟视无睹。宋初豪强兼并的程度有下列几事为证：

（1）在太宗淳化四年至至道元年（993—995）间，四川成都附近发生一次贫民（也许大部分是农民）的大暴动。他们的领袖李顺的口号，据宋朝国史的记载，是“吾恨贫富不均，吾为汝均之”。他们把官吏杀掉，拿来示众。他们把富人的财产，除了足供养家的一部分外，尽数充公，拿来赈济贫困。他们竟“号令严明，所到一无所犯”，但他们终于一败涂地。

（2）同时在四川盛行着一种沿自五代的“旁户”制度。旁户是隶属于豪家的贫户，豪家所领的旁户，每有数千之多。他们向领主纳租外，并供领主役使，如奴隶一般。当李顺乱起时，有些豪家反率领旁户去响应他。后来事定，太宗想把旁户制度废除，终因怕引起更大的扰乱而止。

（3）同时在江淮以南迄于闽广（即身丁钱制施行的区

域），又有一沿自五代的特殊法律：佃户非得田主的许可并给予凭证，不许迁移。这一来，佃户便成了附着于田土的农奴，如欧洲中古时代的情形。这特殊的法律到太宗的孙仁宗时始行废除。仁宗之所以为“仁”，于此可见。

（原载《思想与时代》第4期，1941年11月）

附一 宋太宗继统考实

（一）

宋太祖在位十七年，崩时长子德昭已二十六岁，乃始终未尝立太子，未尝封诸子为王，而特封弟匡义为晋王，使久尹开封，握畿辅大权，其生平传位匡义之意原甚明显。然李焘《长编》记太祖之崩，自注云："顾命大事也，而《实录》（按：此指《太祖实录》。《太祖实录》有二本，一修于太宗太平兴国五年〈980〉，一重修于真宗咸平二年〈999〉，皆李焘所引据）及《国史》（按：此指《三朝国史》）皆不能记，可不惜哉！"吾人于此，不惟感觉可惜，抑且感觉可疑。《太祖实录》原本之修，距太祖之崩不过四年，正史亦因《实录》而修，二书于太祖顾命事俱非有年远迹湮，不得不从阙略者。顾何为皆不能记顾命之事？于此有三种可能之假说：

（1）太祖暴崩，未及顾命，因而于传弟之事无正式表示。此于太宗不利，故《实录》《国史》皆不记其临终之情形。

（2）太祖顾命中所定传位之程序（譬如以次传匡义、廷美、德昭），非太宗所愿遵依者，故掩没其顾命之事。

（3）太祖末年有悔传弟之意，而又见匡义羽翼已就，传子无望，故于身后事宁缄默不言。

以上三说，孰为事实，今固无从判断，然有一事可确知者：太宗之即位，并无太祖正式传授之法令根据（无论为事实上本无或事实上虽有而太宗名义上不用之）。否则，《实录》《国史》以至李焘《长编》，断无不加记载之理。惟然，故太宗即位之际，符瑞纷起，凡以见其继统，乃出天意。

> 马韶，平棘人，习天文三式之学。开宝中，太宗以晋王尹京邑，时朝廷申严私习天文之禁，韶素与太宗亲吏程德元善，德元每戒韶不令及门。九年十月十九日既夕，韶忽造德元……曰："明日乃晋王利见之辰也。"德元惶骇，因止韶于一室中，遽入白太宗，太宗命德元以人防守之，将闻于太祖。及诘旦，太宗入谒，果受遗践阼。（《长编》卷十七引《三朝国史·方技传》）

开宝末，上在晋邸，遣亲信诣西边市马，还，宿要册湫祠旁。中夕，梦神人语之曰：“晋王已即位矣，汝可倍道还都。”使者至京兆，果闻太祖升遐。（《长编》卷十八）

是岁五月，静南〔难〕节度使宋偓又言：“白龙见要册祠池中，长数丈，东向吐青白云。”癸亥，诏封湫神普济王为显圣王，增饰祠宇，春秋奉祠，仍立碑纪其事。（同上）

此类事通常只见两朝嬗递之际，使太宗之继统而有名正言顺之法令根据，则此类事岂非画蛇添足，而烦伪造也？

最可异者，太宗之制造历数在躬之符瑞，不始于太祖既死之后，而始于太祖将死之时。

初，有神降于盩厔县民张守真家，自言：“我天之尊神，号黑杀将军，玉帝之辅也。”守真每斋戒祈请，神必降室中，风肃然，声若婴儿，独守真能晓之。……上不豫，驿召守真至阙下。壬子，命内侍王继恩就建隆观设黄箓醮，令守真降神。神言：“天上宫阙已成，玉锁开，晋王有仁心。”言讫不复降。（李焘《长编》卷十七。原注：此据《国史·符瑞志》稍增以杨亿《谈苑》。《谈苑》又云："太祖闻守真言以为妖，将加诛，会晏驾。"）

使是时太祖与太宗之间毫无隔阂，太宗有以逆料乃兄死前必将作传位于己之正式表示，则太宗之鹰犬何致冒犯刑诛，为此大伤太祖感情之伪构？将谓太宗深恐太祖暴崩，阙为顾命，因预为之防，而竟亿中乎？此则不近情理之甚也。将谓太宗逆料太祖顾命中所定传位之程序，非己所能接受，而昭示天下者，故别为他日即真之地乎？则亦太早计矣。以余测之，上所举三种可能之假说中，殆当以第（3）种之"盖然性"为最高。

又有一事似可为第（3）说张目者如下：

开宝末，右补阙窦偁为开封府判官，与推官贾琰同事上（太宗）。……上与诸王宴射，琰侍上侧，颇称赞德美（按：太祖诸子皆德名，惟无名德美者，此必德昭之误）。……偁叱之曰："贾氏子巧言令色，岂不愧于心哉！"坐皆失色。上（太宗）亦（"亦"字李焘下得极妙）为不乐。因罢宴，白太祖，出偁为彰义节度判官。

至是（太平兴国五年（980）十一月，时去德昭自杀不久）上（太宗）思见偁，促召赴行在。（李焘《长编》卷二十一）

此事不知确年，要前太祖之崩不久。时太宗为开封府尹，而窦偁为府判官，地极亲近。偁之所以凌迫德昭者如此，可谓目无太祖。此岂能无所希合与倚藉？由窦偁所希合与倚藉者观之，则此时太宗与其兄侄间之真情可睹矣。

（二）

然太宗为继统事终造出一名正言顺之法令根据，即所谓“金匮之约”是也。此事据李焘《长编》所记，大略如下（《宋史》及《东都事略》并大致相同）：

（1）太祖建隆二年六月，皇太后疾革……问上曰：“汝自知所以得天下乎？”……上曰：“此皆祖考及太后余庆也。”后曰：“不然，政由柴氏使幼儿主天下，群心不附故耳。若周有长君，汝安得至此？汝与光义皆我所生，汝后当传位汝弟。四海至广，能立长君，社稷之福也。”上顿首泣曰：“敢不如太后教？”因谓赵普曰：“汝同记吾言，不可遗也。”普即就榻前为誓书，于纸尾署曰：“臣普记。”上藏其书于金匮，命谨密宫人藏之。（李焘自注云：“司马光《纪闻》，称太后欲传位于弟，谓太宗及秦王廷美也，今从正史及新录。”）

（2）太祖开宝六年八月，普既出镇河阳，上书自愬云：“外人谓臣轻议皇弟开封府尹。皇弟忠孝全德，岂有间然？矧昭宪皇太后大渐之际，臣实预闻顾命。知臣者君，愿赐昭鉴。”上手封其书，藏之金匮。

（3）太宗太平兴国六年九月，如京使柴禹锡等告秦王廷美骄恣，将有阴谋窃发。上召问普，普对曰：“臣愿备枢轴，以察奸变。”退后密奏：“臣开国旧臣，为权幸所沮。”因言昭宪顾命及先朝自愬之事。上于宫中访得普前所上章，并发金匮，遂大感悟。

考太祖崩时，年仅五十，《东都事略·本纪》及《宋史·本纪》所载并同。溯建隆二年（961，即太祖即位之第二年），杜太后死时，太祖年仅三十五，而皇子德昭年已十一。（按：德昭以太平兴国四年〈979〉为太宗所迫自杀，《宋史》本传不详其卒年，据《东都事略》卒年二十九，则杜太后死时年十一，《长编》作十岁，误。）假太祖以下寿，则尔时德昭已三十六岁，较太宗之三十七岁即位不过少一岁，较太祖之三十四岁成帝业犹长二岁。即太祖卒时，德昭已二十六岁，亦不为幼弱。彼杜太后者，何能抑亦何忍，预断其甫创帝业、荣及已身之壮子，命必远促于下寿，而他日可能继位之孙，必不过如柴氏髫龀之幼儿乎？此所谓“金匮之约”之大破绽一也。

且太祖既遵母命，立约传位于其弟矣，此盛德事，亦国家大事，何故将此约深藏固秘，惟恐天下有闻？直至太祖死时，太宗不之知，赵普不敢泄，而待太祖身后三年余之久，当太宗既已迫死其侄，又将迫死其弟之际，始显露于天日乎？此其破绽二也。

将谓太祖初有传弟之意，而未完全决定，故在其生时不欲公开作正式表示乎？则金匮之藏，如其有之，乃太宗继统合法之惟一证据。赵普既为署名此约之人，纵有所畏而不敢泄之于太祖在生之时，果何所畏而不敢宣之于太宗即位之际？（据《宋史·本纪》太宗于太平兴国元年〈976〉十月即位，赵普于十二月来朝。）使当此际而宣之，太宗发而昭示天下，既明己身得位之正，又见赵普调护之勤，其德赵普而所以宠任之者当何如？以赵普之热中趋势，见利忘义，时又失相居外，郁郁不自聊，果何所因竟坐弃此结主之良机，而蹉跎至于五六年之久？此其破绽三也。

金匮之约最初载于咸平二年（999）之重修《太祖实录》，而《实录》言太宗亦预闻之。果尔，则太宗即位时，正宜举其得位以正之惟一证据昭示天下，而载之初修之《太祖实录》。今太宗即位，即位时既无宣示此约之事，初修本《太祖实录》亦无此约之记载，则知太宗预闻之说为妄也。李焘亦辩之曰："按太宗初疑赵普有异论，及普上章自诉，且发金匮得普所书，乃释然。若（太宗）同于床下受顾命，则亲见普书矣，又何俟普上章自诉，且发金匮乎？"是则金匮之约之传说，就其最初出现而未经李焘删改之形式，又多一虚妄之迹，此其破绽四也。

传说中金匮之约与关涉此约之事，无一而非秘密者。金匮之约，秘约也。赵普开宝六年（969）之自诉，太祖藏之金匮，亦一秘密文件也。赵普太平兴国六年（981）之自诉，亦密奏也。何取乎秘密如此之多？盖凡伪托之事，如作伪之时与所伪托之时相去不远，必利于秘密不利于公开。因所伪托者若为公开之事，则必有能反证之人，如所伪托者为秘密之事，而得知此秘密者又为作伪者本人或作伪者所利之人，则无人能反证矣。今秘密所关者，除死无对证之杜太后与太祖外，不出赵普与太宗二人。而二人者决不致反证金匮之约及与其有关之事明矣。此其破绽五也。以此五征，吾人今可断言，所谓“金匮之约”，乃乌有之事。

附记

宋有太宗以下凡十四君，除高宗在非常事变中继统外，无论为受禅与否，皆于即位之次年改元。盖即位之时，以先君年号为纪之年犹未尽，待其既尽，乃更始也。惟太宗独于即位之年改元，即改太祖之开宝九年（976）为太平兴国元年。而太宗即位已在十月矣。予旧以此明太宗与其兄不协，后知昔人已有注意及之者。明郑瑗《井观琐言》卷一称有《宋史笔断》一书，“论太宗之事而援其不逾年改元为戕其兄之证”。而明陈霆《两山墨谈》卷十四云：“太宗……不逾年而改元，宋后崩，殡于佛寺，皆五代故习，当时以为固然，踵而行之。而后之儒吹毛索瘢，遂指以证其无兄之心……此皆先入之疑胜，而不考之过也。”予谓五代衰世之习，宋以大一统之兴朝，无取踵之，且何以有宋一朝，独太宗沿五代之习，而他主不尔？他主便觉五代旧习之非，而太宗独不觉？此则仍不能为太宗解也。

金匮之约，清古文家恽敬亦尝疑及之，惟仅疑约之内容为饰说，而不疑约之本身为伪托，此则为太宗、赵普所欺矣。恽敬之言曰：“夫太祖之传位太宗，以太宗与闻乎禅代也。与闻禅代不可以示后世，则饰为递传之说，递传之说不可以示后世，则饰为长君之说。不然，授受大事，太后何事真泠时始及之耶？盖此议之定也亦非一日矣。”（《大云山房文稿》初集一《续辨微论》）此乃据司马光《涑水纪闻》所记预定之传位程序为说，不知《实录》《国史》所载无此预定之程序也。金匮之约，其伪造之本来面目具于《实录》及《国史》，考证此约，自宜依《实录》及《国史》为说。此约之伪托，乃在德昭既自杀而太宗将要迫死廷美之时，断无于此时伪托以为太宗解之文件中，反为廷美、德昭张目之理。《纪闻》所记，盖又伪中出伪也。至恽氏“不可以示后世”之云云，真迂儒之见，取国于他人孤儿寡妇之手，而还防丧国于已之孤儿寡妇之手，此独可以示天下乎？

（原载《文史杂志》第1卷第8期，1941年8月）

附二　宋太祖誓碑及政事堂刻石考

南宋人所传北宋文献，有二事焉，本俱伪造，而伪出有因，其作伪所因伪之历史事实，甚关重要，此即所谓太祖誓碑及太祖政事堂刻石是也。兹分别考之如下：

一、太祖誓碑

旧题陆游撰之《避暑漫钞》（无卷数）载：

> 太祖受命之三年，密镌一碑，立于太祖寝殿之夹室，谓之誓碑。用销金黄幔蔽之，封闭甚严。因饬有司，自后时享及新天子即位谒庙礼毕，奏请恭读誓词。是年秋享，礼官奏请如敕。上诣室前，再拜升阶，独小黄门不识字者一人从。……群臣及近侍皆不知所誓何事。自后列圣相承，皆踵故事……不敢泄漏。虽心腹大臣，亦不知也。靖康之变，犬戎入庙。……门皆洞开，人得纵观。碑止高七八

尺，阔四尺余，誓词三行。一云：“柴氏子孙，有罪不得加刑，纵犯谋逆，止于狱中赐尽，不得市曹刑戮，亦不得坐连支属。”一云：“不得杀士大夫及上书言事人。”一曰：“子孙有渝此誓者，天必殛之。”后建炎中曹勋自虏中回，太上寄语云“祖宗誓碑在太庙，恐天子不及知”云云。

此故事经后人传引，又生讹变。王夫之《宋论》一云：

太祖勒石镇置殿中，使嗣君即位入而跪读。其戒有三：一、保柴氏子孙。二、不杀士大夫。三、不加农田之赋。

不知其何据也。

《漫钞》谓曹勋传徽宗寄语，提及誓碑。按曹勋《北狩见闻录》今具存，内载徽宗寄语，涉及太祖藏于太庙之约，初不云有誓碑，而其所称太祖之约之内容，亦与所谓誓碑不尽合。誓碑之说，盖由《北狩见闻录》所载徽宗之寄语而繁衍耳。予所见《北狩见闻录》有二本：一为《学津讨原》本，一为《许刻三朝会编》所引本。二本异文甚多，关于太庙藏约之记载，二本之出入尤甚。兹先并录二本之文。然后加以考定。

（甲）《学津》本："徽庙……又宣谕曰：'太祖有约，藏于太庙。誓不诛大臣、用宦官，违者不祥。故七圣相袭未尝辄易。'"

（乙）《许刻会编》本："太上……又曰：'太祖有约，藏于太庙：誓不诛大臣言有（字不可通，当是"官"字之讹），违者不祥。相袭未尝辄易。'"

今考王明清《挥麈录》（后录一）及李心传《建炎以来系年要录》四皆引据《北狩见闻录》此段记载，而于太祖藏庙之约，前者作"誓不杀大臣言官"，后者作"誓不杀大臣及言事官"。则知许本近是而讹"官"为"有"也。

太庙藏约，而有待于徽宗传语高宗，则其为秘密可知。北宋人臣虽不知有此约，然因历世君主遵守唯谨，遂认为有不杀大臣之不成文的祖宗家法，观于以下二事而可见。其一，据《退斋笔录》：

> 神宗以陕西用兵失利，内批出令斩一漕臣。明日，宰相蔡确……曰："祖宗以来未尝杀士人，臣等不欲自陛下始。"上沉吟久之，曰："可与刺面配远恶处。"门下侍郎章惇曰："如此，即不若杀之。"上曰："何故？"

曰："士可杀不可辱。"上声色俱厉曰："快意事做不得一件！"

其二，据《道山清话》：

元祐八年，吕大防因讲筵言及前代……多深于用刑，大者诛戮，小者远窜。惟本朝用法最轻，臣下有罪，止于罢黜。至于虚己纳谏，不好畋猎……皆祖宗家法。

太祖不杀大臣及言官之密约所造成之家法，于有宋一代历史影响甚巨。由此事可以了解北宋言官之强横，朝议之嚣杂，主势之降杀，国是之摇荡，而荆公所以致慨于"今人未可非商鞅，商鞅能令法必行"也。神宗变法之不能有大成，此其远因矣。此就恶影响言也。若就善影响言，则宋朝之优礼大臣言官，实养成士大夫之自尊心，实启发其对于个人人格尊严之认识。此则北宋理学或道学之精神基础所由奠也。

二、政事堂刻石

《道山清话》载：

> 太祖尝有言，不用南人为相。《实录》《国史》皆载。陶穀《开基万年录》《开宝史谱》言之甚详。皆言太祖亲写“南人不得坐吾此堂”，刻石政事堂（按政事堂乃宰相办公之处）。或云，自王文穆（按：即王钦若）大拜后，吏辈故坏壁，因移石于他处，后寝不知所在，继而王安石、章惇相继用事，为人窃去。如前两书，今馆中有其名而亡其书也。顷时尚见其他小说往往互见，今皆为人节略去，人少有知者，知亦不敢言矣。

右记太祖政事堂刻石事，虽言之凿凿，实不可信。此事既云见《实录》及《国史》，李焘《续资治通鉴长编》乃据《实录》及《国史》而修，于如此重大事，何以不著一字。藉曰，李焘南人，为南人讳，然据《宋史》（卷二八三）《王旦传》：

> 帝（真宗）欲相王钦若。旦曰：“钦若遭逢陛下，恩

礼已隆，且乞留之枢密，两府亦均。臣见祖宗朝未尝有南人当国者。虽古称‘立贤无方’，然须贤士乃可。臣为宰相，不敢抑人，此亦公议也。”真宗遂止。旦没后，钦若始大用，语人曰：“为王公，迟我十年作宰相。”

王旦既力阻真宗相钦若，使是时政事堂有太祖禁相南人之亲笔刻石，正宜引以为据，何致但云“祖宗朝未尝有南人当国者”而已。王旦即瞶瞶，及王旦死后，真宗卒相钦若，如有所谓政事堂刻石在，则此事乃明反祖宗家法之罪，非常大变，以北宋言官大臣论事之勇，何致悉皆默尔。即此一端，可见所谓政事堂刻石之伪无疑也。

朱弁《曲洧旧闻》（卷一）记王旦论相钦若事，与《宋史》本传稍异，其文云：

真宗问王文正曰：“祖宗时有秘谶云‘南人不可作宰相’，此岂‘立贤无方’之义乎？”对曰：“立贤无方，要之贤而后可。”

朱弁所记得之传闻，自不如本传之根据《实录》及《国史》者为可信。即如朱弁所记，亦可反证所谓政事堂刻石之为乌有也。

考太祖、太宗两朝之未尝用南人为相，盖非由于原则上歧视南人。太祖初代周，国境未逾江以南，其所需笼络之先朝重臣及所可信托之股肱心膂，有任宰相之资格者，自无南人在内。其后南土渐次平定，南士之入朝者悉是远方降臣，自无取冠朝列之理。至真宗时，南士之以科第起而积资至可当宰相之任者，渐有其人。北人久已获得之政治上特殊地位，因南人政治势力之增长而发生动摇，对于南人，难免侧目。王旦所代表之公议，所以使王钦若之作相蹉跎十年也。真宗朝北人歧视南人之例，史尚多有之。李焘《长编》载：

> 景德二年五月。抚州进士晏殊年十四，大名府进士姜盖年十二，皆……召试。晏……属辞敏赡，上深叹赏。宰相寇准以殊江左人，欲抑之而进盖，上曰："朝廷取士，惟才是求。四海一家，岂限遐迩？……"乃赐殊进士出身，盖用学究出身。
>
> 景德三年五月。上封者言："诸路巡检当择武勇心力强明者，乞不用福建、荆湖、江浙、川峡（中略）人领其事。"上谓王钦若曰："人之勇怯，岂限南北？若此区别，非任人之道也。"

> 大中祥符八年三月。故事，当赐第，必召其高第数人并见，又参择其材质可者然后赐第一。时新喻人萧贯与胶水人蔡齐并见，齐仪状秀伟，举止端重，上已属之。寇准又言："南方下国，不宜冠多士。"齐遂居第一。（中略）准（中略）出，谓同列曰："又与中原夺得一状元。"

真宗朝南人在政治上始抬头，此后南人政治势力日长，北人政治势力日消，至神宗以降，北人在政治上之地位，遂远落南人之后，而北人之侧目南人更可知矣。此"祖宗时秘谶"及"太祖政事堂刻石"一类故事所由起也。

（原载《文史杂志》第1卷第7期，1941年1月）

附三　宋代南北社会之差异

以我国历史所涉地理范围之广漠，在每一时代，各地域之社会状况恒差异甚巨。故研究一时代之社会史，首须注意各地域之特色。近来述国史者每喜谈某时代之社会，然类皆摭拾片段，而不明著其地域之限制，一若以概全国者焉，于显真之义，殊有未尽。兹举宋代南方与北方之若干重大社会差异，以为上说之例证。

一、农奴制度之存在于南方

事有出乎史家意想之外者。至少在北宋，农奴制度在江淮以南，西迄四川，东迄闽浙，犹有普遍之存在。《宋会要辑稿·食货一》之二四载：

（仁宗天圣五年）十一月，诏江淮、两浙、荆湖（即今两湖）、福建、广南（即今两广）州军。旧条，私下分田客非时不得起移，如主人发遣，给与凭由，方许别住。多被主人抑勒，不放起移。自今后，客户起移，更不取主人凭由，须每田收田毕日，商量去住，各取稳便，即不得非时衷私起移。如是主人非理拦占，许经县论详。

佃户非经田主许可，并给与凭证，不得自由迁移，是即附着于田土之农奴也。诏书以“旧条”为言，明此制得法律之承认也。诏书许以后被锢之佃户“经县论详”，明以前被锢之佃户无此权利也。此“旧条”不知起于何时，在汉以后、唐以前无闻，殆起于唐末五代；当此分崩离析、上无道揆之世，豪强地主，遂得专威，浸假而成为法律也。诏书仅涉及江淮以南诸路，明江淮以北无此制也。仁宗此诏乃解放南方农奴之一大社会变革，亦宋初一大惠政，而《宋史》及李焘《长编》均不载。其他宋人记载，以作者所知，亦无道及者。不有最近《宋会要》之重现于世，此事不几何与时俱湮？

仁宗之诏书未提及四川，然农奴制度在北宋初之曾存在于四川，别有证据。农奴制之在四川似比较不普遍，惟田主对于农奴之权力则更大，直成为事实上之统治者。《宋史》卷三〇四《刘师道传》载：

> 川陕（当作峡）豪民多旁户，以小民役属者为佃客，使之如奴隶，家或数十户（《太宗实录》《宋会要·刑法二》之五均作千）。凡租调庸敛，悉佃客承之。时有言李顺之乱，皆旁户鸠集，请释旁户。

《宋会要·刑法二》记此事更详，文云：

> （太宗）至道二年八月……诏制置剑南、峡路诸州旁户。先是，巴庸民以财力相君，每富人家役属至数千户，小民岁输租庸，亦甚以为便。上言者以为两川兆乱，职豪民啸聚旁户之由也。遂下诏令州县责任乡豪，更相统制，三年能肃静寇盗，民庶安堵者，并以其豪补州县职以劝之。遣职方员外郎时载、监察御史刘师道，乘传赍诏书谕旨。既而载等复奏，旁户素役属豪民，皆相承数世；一旦更以他帅领之，恐人心遂扰，因生它变。上然之，其事遂寝。

“旁户”为田主“役属……如奴隶……凡租调庸敛悉佃客

承之”，且“皆相承数世”，其为农奴无疑。从彼等“相承数世”之事实推之，可知四川之旁户制度至迟当起唐末。

太宗初下诏，令“州县责任乡豪更相统制”云者，意谓使旁户尽皆易主，而田主与旁户之关系仍旧保存。故时载等以“一旦更易他帅，恐人心遂扰，因生它变”为言。从太宗改革旁户制之困难，可知此制之存在于四川，范围盖甚广泛，其非三数州府之特殊情形可断言也。李顺之乱为太宗初年一大变，余尝为文考之（见《清华学报》）。当时未知其与旁户之关系，及读《宋史·刘师道传》“李顺之乱皆旁户鸠集”之语，初疑此为农奴反抗田主之起事，颇合于近时治社会史者所喜谈之“农民暴动”。及读《会要》“两川兆乱，职豪民啸聚旁户之由”，乃知以前涉想之非。此“豪民”二字之增减，遂予读者以完全不同之印象。乃知于史文言外推论之难而不容苟也。盖四川地力较丰，田主对旁户租庸调之征殆尚比较上不甚苛，而旁户一方面又资田主之保护，用能彼此相安。故太宗于旁户制之废除，并不感急切。其后仁宗解放南方之农奴而不及四川之旁户者，殆亦以此故，而非由此时四川旁户制已消灭也。然太宗以后四川旁户之历史于载籍无征。

二、杀婴习俗之盛行于南方

宋代有一严重之社会病态，特盛于南方，即杀婴之习俗是也。其时间亘南北两宋，其地域遍及于江南东西路、荆湖南北路及闽浙、两广。政府虽严设法禁，力谋救济，终不能止。兹将此事之史证列举于下：

（1）统括数路之证

《宋会要·刑法二》之五十：

> （徽宗大观三年）十一月九日，兵部侍郎详定一司敕令王襄等奏："福建、荆湖南北、江南东西有生子不举者，近诏申严禁约，其刑名告只行于福建，而未及江湖诸路，乞一等立法。"从之。

同上《刑法二》之五七：

> （徽宗政和二年）四月十二日……刑部看详：福建路溺子，已有增立新法外，所有江南东西、荆湖南北路溺子，虽有大观四年四月敕"生子而杀，刑名告赏"，今乞

于逐项条内“生子而杀”下，各添入“孙”字。

同上《刑法二》之一四七：

（高宗绍兴三年）十一月八日，臣僚言：“浙东衢、严之间，田野之民，每忧口众为累，及生其子，率多不举。又旁近江东饶、信皆然，望赐止绝。”刑部检准现行条法为系江南东西、荆湖南北、福建路，其两浙东西路未有，乞依上条。诏依。

《建炎以来系年要录》卷一六四：

（绍兴二十三年六月）壬戌，国子监丞兼权祠部员外郎吴武陵面对，乞申严荆湖、福建士民不举子之禁，令保伍更相觉察，月上娠产之数于官，兼申给钱之令，则全活婴孺，将不可胜计。诏监司丁宁州县，悉意奉行，其有显绩去处，保明申奏推赏。

《宋会要·刑法二》之一五八：

（孝宗乾道三年）十一月二日，大礼赦："勘会民间……贫乏下户，往往生子不举，甚伤风俗。可令逐路州军检举见行条法，令于县镇乡村晓谕，严行觉察，许人陈告。"

刘时举《续通鉴》卷十三：

（宁宗开禧元年三月）申严生子弃杀之禁，仍令诸路文武官常平官月给钱米收养之。

（2）江南东西路之证

《宋会要·刑法二》之五七：

（政和二年）七月三日，宣州布衣臣吕堂上书："东南数州之地，尚有……狃于故习……男多则杀男，女多则杀女……谓之薅子。即其土风，宣、歙为甚，江宁次之，饶、信又次之。愿委守令以禁戒之，联保户以督察之，立重赏以收捕之。有不变者，寘以极刑。……"诏依福建已得指挥，仍委监司按察。如有违犯，重寘于法。

(3)荆湖南北路之证

苏轼《与朱鄂州书》:

昨……王殿直天麟见过……言鄂岳间田野小人,例只养二男一女,过此辄杀之。尤讳养女……初生辄以冷水浸杀之。其父母亦不忍,率常闭目背面,以手按之水盆中,咿嘤良久乃死。……天麟每闻其侧近有此,辄驰救之,量与衣服饮食,全活者非一。……鄂人有陈光亨者,今已及第,为安州司法。方其在母也,其舅陈遵梦一小儿援其衣,若有所诉。比两夕辄见之,其状甚急。遵独念其姊有娠将产,而意不乐多子,岂其应是乎?驰往省之,则儿已在水盆中矣。救之得免。……准律,故杀子孙,徒二年,此长吏所得按举。愿公明以告诸邑令佐,使召诸保正,告以法律,谕以祸福,约以必行。……且立赏召人告官,赏钱以犯人及邻保家财充。……若依律行遣数人,此风便革。……但得初生数日不杀,后虽劝之使杀,亦不肯矣。自今以往,缘公而得活者,岂可胜举哉!(按此书不见于今本《苏东坡集》。引见明姜南《学圃余力》。)

《宋史》卷三八一《范如圭传》:

如圭在高宗朝知荆南府时奏论：“东南不举子之俗，伤绝人理，请举汉胎养令，以全活之。”

《宋会要·刑法二》之一二六：

（光宗绍熙五年九月，明堂赦）：“访闻湖广等处州县……贫乏下户，往往生子不举。条法禁约非不严切，习以为常，人不知畏。可令守令检举见行条法镂板，于乡村、道店、关津、渡口晓谕，许诸色人告捉，依条施行。仍仰监司严行觉察，毋致远戾。”

（4）两浙路之证

《宋史》卷四百《王信传》：

信知绍兴府，禁民不举子。（按：信，南宋初人。）

《建炎以来系年要录》卷一一七：

绍兴七年十二月庚申，礼部尚书刘大中言：浙东之民有不举子者……生女者例不举。

《宋会要·食货一二》之一九：

（孝宗乾道九年）七月十五日……上曰："范成大谓处州……有不举子之风。"虞允文曰："诚有之。……"诏曰："两浙……绍兴府湖、处州……生子不举，有伤风化。……"

（5）福建路之证（按宋代杀婴俗在福建路最盛，故宋人之记载与论列亦最多）

《宋史》卷四五九《魏掞之传》：

建（州）俗生子多不举。（掞之）为文以戒，全活者甚众。

《麈史》卷上《惠政门》：

闽人生子多者，至第四子，则率皆不举，为其赀产不足以赡也。若女则不待三，往往临蓐以器贮水，才产即溺之，谓之洗儿，建、剑尤甚。四明俞伟仲宽宰剑之顺昌，作《戒杀子文》，召诸乡父老为人所信服者，列坐庑下，以俸置醪醴，亲酌而侑之，出其文，使归谕劝其乡人无得杀子。岁月间，活者以千计。故生子多以俞为小字。……朝廷嘉之。……复为立法推行一路。……予（《麈史》撰者王得臣，嘉祐四年（1059）进士）尝至其邑，闻仲宽因被差他郡，还邑，有小儿数百迎于郊。

同上，卷下《风俗门》：

闽中生子既多不举，其无后者，则养他人子以为息。异日族人无出，族女争讼无虚日。予漕本路，决其狱，日不下数人。夫杀己子以至于后世讼狱不已，岂非天戒欤？

《孙公谈圃》卷中：

闽中唯建、剑、汀、邵武四处杀子，士大夫家亦然。

《宋会要·刑法二》之四九：

（大观三年）五月十九日，臣僚言："伏见福建路风俗……家产计其所有，父母生存，男女共议，私相分割为主，与父母均之，既分割之后，继生嗣续，不及襁褓，一切杀溺，俚语谓之薅子。……建州尤甚，曾未禁止。伏乞立法施行。"上批："远方愚俗，残忍薄恶，莫此之甚，有害风教，当行禁止。"

同上，《刑法二》之五六：

（政和二年）四月十二日，臣僚言："福建愚俗，溺子不育，已立禁赏。顽愚村乡习以为常，邻保亲族皆与之隐。州县勘鞫，告者认妄。……"

（6）广南东西路之证

《宋会要·刑法二》之一四七：

（绍兴五年）闰二月九日，臣僚言："不收养子孙，二广尤甚。"诏其赅载不尽路分，依两浙等路见行条法。

在以上关于杀婴俗之文献中，凡政府之禁令，公私之论列，皆不及于江淮以北及四川，知此等地域尚无杀婴之俗，或虽有而未盛行至于成为严重之社会问题也。又从此诸文献，可知宋至徽宗时，朝廷始留意于杀婴俗之防禁。徽宗一朝，关于此俗，何啻三令五申。高宗初都南服，朝廷对于此俗，闻见益习，关怀益切，故论奏及诏谕亦更繁。其后孝宗、光宗、宁宗三朝亦不断重申旧禁。然上文只及于直接防禁之建议与法令耳，至间接补救之建议与法令，在此五朝，亦多有之，下文更详。宁宗以后，文献无征，非此俗遂绝也，殆若非因载籍残阙，即因朝廷鉴于过去法令之无效，转持放任态度耳。

宋代名臣，其初生时，为人从“薅子”盘中拯出者，以作者所知，亦有三人。一为章得象，一为章惇，皆北宋人；一为胡寅，南宋人。

《孙公谈圃》卷中：

> 章郇公（得象），建州人，生时家姬将不举。凡灭烛而复明者三。……家人惧甚，遂收养之。

《道山清话》：

> （章子厚惇，人言初生时）父母欲不举，已纳水盆中，

为人救止。其后朝士颇闻其事。苏子瞻尝与子厚诗，有“方丈仙人出渺茫，高情犹爱水云乡”之语。子厚为其讥己也，颇不乐。

《齐东野语》卷六：

（胡致堂寅）文定公安国之庶子也。将生，欲不举。文定夫人梦大鱼跃盆水中，急往救之，则已溺将死矣，遂抱以为己子。

由此可见杀婴之事不仅限于“贫乏下户”，士大夫家亦有为之者。

关于杀婴俗盛行之原因，宋人议论纷歧。综而观之，凡有三说：

（1）有谓由于赋敛之重者

《建炎以来系年要录》卷一一七：

（绍兴七年十二月庚申，礼部尚书刘大中言）浙东之民有不举子者。盖自艰难以来，奸臣持不恤之说，虐用其民，为国敛怨。民被其毒，无所赴愬，一身不恤，惶恤其他。臣尝承乏外郡，每见百姓诉丁盐紬绢（“丁盐紬绢”乃一种“人头税”，本用盐纳，后折紬绢，只行于两浙、福建、荆湖南北路及广南东西路），最为疾苦。盖为其子成丁，则出紬绢，终其身不可免。愚民宁杀子，不欲输紬绢。

《宋会要·食货一二》之一九：

（乾道九年）八月十四日，宰执进呈两浙诸州丁盐绢数。上曰：“范成大谓处州丁钱太重，遂有不举子之风。”虞允文奏曰：“诚有之。但诸州县丁绢尺寸多少各不等。……”于是诏：两浙州军人户身丁盐钱折纳紬绢数内，绍兴府、湖、处州比之他州最重……民户避免，至于生子不举。……

同上：

（乾道九年）七月十五日，直宝文阁、知建宁府赵彦端言：“生子孙而杀之者……盖民贫累众，无力赡给；年方至丁，复有输纳身丁之患。……”

宋郑瑶、景定《严州志》：

前志载……淳熙丙午……丁一十七万五千九百有三。盖昔者丁钱未蠲，民苦重赋，故生子有不举。自乾道五年张宣公知州抗疏祈免，奉旨减免有差。至淳熙丁口之数，比绍兴增凡六万四千五百有九。开禧元年十二月，御笔尽免两浙身丁钱。……今……口凡三十二万九千二百有六，比淳熙之数增益。

（2）有谓由于婚葬之浩费者

《宋会要·刑法二》之五六：

（政和二年）四月十二日，臣僚言："福建愚俗，溺子不育。……究其弊源，盖缘福建路厚其婚葬。至如殡葬……供祭罗列，焚献之物，创新缯帛。里闾之间，不问知识，尽行送礼。不顾父母具存，藏凶服以待送葬之用。利赴凶斋，意在所得，使遭丧者所费浩瀚。……"

又上引《系年要录》：

（绍兴七年）十二月礼部尚书云："愚民宁杀子，不欲输紬绢，又资财嫁遣，力所不及，故生女者例不举。"

（3）有谓由于淫祀者

《宋会要·刑法二》之四九：

（大观三年）五月十九日，臣僚言："伏见福建路风俗，克意事佛，乐供好施，休咎问僧，每多淫祀，故民间衣食因此未及丰足。……家产……分割之后，继生嗣续，不及襁褓，一切杀溺。……"

按以上三说皆用以解释局部之杀婴事实，然未能解释杀婴俗普遍盛行于南方之事实。身丁钱之重，婚丧之侈，及佞佛淫祀，就如说者所言，皆非普遍于江淮以南之现象也。即就局部之事实言，三说亦非穷源探本之论。杀婴之直接原因，为生产之家患口多为累。而所以患口多为累之故，则甚复杂。要而论之，患口多为累而至于杀婴之家可分为两类：第一类，其生活标准已达最低可能之限度，无法减低其生活标准以供养增加之人口，即所谓"贫乏下户"是也。第二类，其生活标准本未达于最低限度，而不愿过于减低其生活标准（婚葬之费、淫祀之费，皆构成生活标准之一部分原素），以供养增加之人口。士大夫家之杀婴者，属于此类。由上引之文证观之，由事理测之，大多数杀婴之家当为“贫乏下户”。而如此“贫乏下户”之阶级之存在而且众多，则为社会富力之分配问题。至于身丁钱之特重，只是其局部之助长因，而非其普遍之主因也。杀婴俗之特盛于江淮以南，而无闻于江淮以北者，可见南方之贫者较北方之贫者为更贫而且众，换言之，即南方富力之分配较北方更为不均也。此推论下文将证实之。

宋人对于杀婴俗除严设法禁外，尚有种种救济之法：

（1）限制婚丧礼

《宋会要·刑法二》之五六至五七：

> （政和二年）四月……礼部看详：“福建路婚葬丰厚等条已有施行外，今重别拟定下项：诸父母存，非本宗及内外有服亲而辄凶服送丧（受雇行丧人非）……者……杖六十。”从之。

（2）减免身丁钱

《续资治通鉴长编》卷一一一：

（明道元年三月）戊戌，两浙转运司言：“大中祥符五年，已放诸路丁身钱，而婺、秀二州尚输钱如故。己亥诏悉除之。”

同上卷一七〇：

（皇祐三年七月丙子），减湖南郴、永、桂阳监丁身米。

《宋会要·食货一二》之一九：

（乾道九年）八月十四日……诏：“两浙……提举常平官限一月内取见逐州所管户口丁数等第，每丁岁纳若干，有无科折，核实保明，攒具成册，缴申尚书省取旨（减免）。”

同上：

（七月十五日）知建宁府赵彦端……乞将本府七县人

户身丁钱自今以后并与蠲免。从之。

(3) 资助产子贫户

《宋会要·刑法二》之一四七：

（八年五月）绍兴十六日诏："应州县乡村第五等、坊郭第七等以下人户及无等贫乏之家，生男女而不能养赡者，每人支钱四贯，于常平或免役宽剩钱内支给。"……十五年六月二十一日，臣僚言："已降指挥，生男女每名支钱四贯文，于常平或免疫宽剩钱内支。窃闻州县免役钱所收微细，乞发义仓之粟以赈之。"诏于见管常平义仓米内每人支米一硕。二十年六月四日，以臣僚言，复申严行下。二十八年十一月三日，以臣僚言，诏勒令作立法。

(4) 奖励收养婴孩

《建炎以来系年要录》卷一二〇：

（绍兴八年六月庚申）敕令："所请福建路以子孙或同居缌麻以上亲与人，虽异姓及不因饥寒并听收养，即从其姓，不在取认之限，着为本路令。其江浙、湖广州县有不举子风俗处，令宪臣体究申明，依此立法。”从之。

《中兴两朝圣政》卷五九：

（淳熙八年十一月甲戌）臣僚言：“在法，诸因饥贫以同居缌麻以上亲与人，若遗弃而为人收养者，仍从其姓，各不在取认之限。听养子之家申官附籍，依亲子孙法。令之灾荒，亦非一处，向去寒冷，弃子或多，若令灾荒州县坐上件法镂板晓谕，使人人通知之，则无复识认之虑，而皆获收养矣。”

此诸法令毕竟实行至何程度，其效果若何，史无可稽。

三、南北财富分配之差异及其解释

南宋以文学与政事著名之辛弃疾，于当世南北之社会差异，有一极重要之观察。《宋史》本传载：“（弃疾）尝谓……北方之人养生之具不求于人，是以无甚富甚贫之家。南方多末作以病农，而兼并之患兴，贫富斯不侔矣。”

吾人于此宜分别观察与推论。（1）南方财富之集中（即兼并之患）甚于北方，贫富之差甚于北方，此观察所得之事实也。（2）北方工商业（即“末作”）不发达，生活所需，多由家庭自给；南方工商业发达，生活所需多取给于市场；此亦观察所得之事实也。谓第（2）事为南方农民特别贫困（病农）之原因，亦即第（1）事原因，此推论也。顾何以工商业之发达能增加农民之贫困，而造成财富之集中与贫富之钜差，此则稼轩所语焉未详者。又工商业何以在南方特别发达，稼轩亦无解释。

吾人于此不禁联想起英人勃刻尔（H.T.Buckle，略与达尔文同时之名史家）地理影响财富分配之学说。其说有云：地力饶裕而气候温燠，则食料之价廉，食料之价廉则人口之增速，人口之增速则佣值低。夫佣力所产之分配，不出三途：一归于佣者为佣资，一归于业主为地租或赢赆，一归于债主为利息。佣值愈贱，则佣者之所获愈少，而业主与债主之所获愈多；故富者愈富而贫者愈贫也。贫与贱为邻，随佣值之低，而劳力者之社会与政治地位愈下。此勃刻尔之说也。我国南方地力之较北方为饶裕，气候之较北方为温燠，此不争之事实也。而宋代南方出产之较富与粮价之较廉，此从政府每岁由南漕北米六百八十万石之事实而可见，此外尚有明证：真宗景德三年（1006）五月戊辰“三司言：‘富商大贾，自江淮贱市籴稻，转至京师，坐邀厚利，请官籴十之三。’不许。”（《长编》卷六三）故宋代南北财富分配之差异正可为上述勃刻尔学说之例证。且也物产富、人口众而佣价贱，正为工商发展之适宜环境，而工商业愈发达，则食利润之业主与债主愈多，彼等所食愈丰，则贫富之差愈甚。故辛稼轩之解释，实可与勃刻尔之学说相通。

农奴制之特别存在于南方，杀婴俗之特别盛行于南方，皆南方财富特别集中之应有现象也。

［原载《浙大史学杂志》第1卷第3期，1940年9月。据张荫麟《宋史论丛》，三联书店1956年版清校本（后因故未出版）刊录，中国社会科学院近代史所图书馆藏］

附四　北宋关于家庭制度之法令

《宋史·地理志》于涪陵一地，独记其“民……亲在，多别籍异财”。据此，以涪陵以外无此俗，至少此俗并不普遍，然据《长编》载，仁宗天圣间，“通判桂州王告言：‘刘氏（南汉）时应祖父母、父母在，孙子既娶，即令析产。其后，富者数致千金，而贫者或不能自给，及朝廷平岭南，乃知法不得以异居，争讼至今不息，请条约之。’”（文见天圣七年〈1029〉五月）据此，则广南亦有亲在其子别籍异财之俗，福建及江南亦有此俗，其证见后。

《宋会要辑稿·刑法二》载，太祖“乾德六年诏……近者西川管内及山南诸州相次上言，百姓祖父母、父母在者，子孙别籍异财，仍不同居。诏到日，仰所在长吏明加告诫，不得更习旧风，如违者并准律处分”。此事，李焘《长编》及《宋史·本纪》均记之而较略。二书并系此事于开宝元年（968）六月。按开宝元年即乾德六年，是年十一月始改元开宝，《长编》及《本纪》已追改，而《会要》则仍旧文也。

《宋太宗实录》残本载："太平兴国八年十一月……诏曰：'先是，开宝二年八月丁亥诏书，应广南、东西川峡路诸州民，祖父母、父母在，子孙别籍异财者弃市。自今并除之，论如律。'"此开宝二年（969）之诏，《长编》及《宋史·本纪》并载于本年下，而于所涉地域，但言川峡诸路，无广南及东西川等地，于所涉亲属，无祖父母三字。后一事为《宋史》及《长编》之误无疑；惟关于前一事，《宋史》《长编》之省略，乃有原故。盖宋是时尚未取南汉，其法令似不及于广南也。《长编》及《宋史·本纪》亦载上引太平兴国之诏，仍缺广南、西川等，惟祖父母三字则不缺，则此三字开宝二年之诏亦不当缺也。

据《长编》，真宗天禧三年（1019）七月"诏福建州军伪命以前部民子孙别籍异财，今祖父母已亡，诣官诉均分不平者，不限有无契要，并以见佃为主，官司勿为受理。寻诏江南诸州军亦如之"。

又据《长编》，仁宗天圣七年五月"诏广南民，自今祖父母、父母在而则别籍异财者论如律；已分居者勿论"。因通判桂州王告之请也。

又据《长编》，仁宗景祐四年（1037）正月“诏应祖父母、父母服阕后，不以同居、异居，非因祖父母财及因官自置财产，不在论分之限。又诏士庶之家应祖父母、父母未葬者，不得析居。若期尚远，即听以所费钱送官，候葬日给之”。

又据《长编》，天圣七年四月“贝州言，民之析居者，例皆加税，惟其家长则免。清河、清阳、历亭三县，户罚丝五分、盐五升、钱五十，武城县增钱五十，漳南县增蜀黍八升，而他州悉无此例，请除之。诏可”。贝州之罪税不知是一种比较普遍制度之残遗，抑始终只限于贝州，尚待稽考。

以上所述皆限制家庭析小之立法。在另一方面，朝廷于例外庞大之大家庭，五世以上同居者，时加褒奖，计太宗、真宗、仁宗三朝此类事见于《太宗实录》残本、李焘《长编》及《宋史》者凡有十二，兹为表列如下：

宋太宗至仁宗朝旌赏五世以上同居表

旌赏年	籍贯	户主	同居世数	同居情形	旌赏
太平兴国五	襄州襄阳县	张巨源	五	内无异爨	旌表门闾，赐巨源明法及第
太平兴国五	济州金乡县	李　延	自唐武德初至是近四百年	世世结庐守坟墓或父母病截指割股刺血书佛经	旌其门，赐以粟帛
太平兴国九	潭州长沙县	翟景鸿	五	内无异爨	旌表门闾，常税外免他役
太平兴国九	襄阳县	刘　昉	五（口百）	内无异爨	同前
端拱元	信州玉山县	俞　携	八		同前
淳化元	江州德安县	陈　兢	十四（口千二百余）		其家常苦食不足，官岁贷米二千石
至道二	温州永嘉县	陈　侃	五	内无异爨	旌表门闾，赐禄米粟帛
至道三	南康军建昌县	洪元抚	八	同前	赐一人江州助教，旌表门闾

续表

旌赏年	籍贯	户主	同居世数	同居情形	旌赏
真宗大中祥符元	曲阜县	东野宜	七		旌表门闾，仍赠粟帛
同前	乾封县	窦　益			同前
仁宗天圣元	江州	陈　蕴	聚居二百年（口两千）		授蕴本州助教
景祐四	定乡县	陆　琰	七	内无异爨	赐粟五十斛、帛五十匹，仍复其役

（原载《益世报·文史副刊》第1期，1942年2月17日）

附五　北宋的土地分配与社会骚动

在一个“农业经济”的社会里，土地分配几乎可以说是“生产关系”的全部。所以拿经济因素做出发点去研究中国社会史的人，首先要注意各时代土地分配的情形。

在任举一个时代里，各地方地主和佃户的比例是怎样？在以前和以后这比率的升降怎样？在一个长久的和平时期里，土地有无大量集中的趋势？不少人认为过去社会变乱的一个重要原因是土地的集中。到底在社会变乱发生的某时某地，土地集中的比较程度如何？这些问题我们都盼望得到解答。我们需要的是具备数目字的答案，而不是“想当然”的假设。

不过关于这些问题的史料极为缺乏。像“富者田连阡陌，贫者地无立锥”一类抽象的慨叹，虽然常常可以遇到，但这类慨叹对于谨严的、求“着边际”的社会史家，实在没多大用处。以作者所知，在我国历史中，详细供给我们以解答上说那些问题的资料的时代只有北宋。分别地主和佃客的户口统计只北宋有之。

现存北宋的这类统计有三种：

（一）见于乐史的《太平寰宇记》者。书为宋太宗太平兴国年间（公元976—983）所撰（确年不详）。书中大部分纂录前代旧闻，惟其记各地主客户数皆冠以“皇朝”字样，明其为根据宋初统计。

（二）见于王存的《元丰九域志》者。书成于元丰三年（1080）闰九月。此乃奉敕撰的书，其中材料似可信为“up to date”。

以上二种并有各路及各州府的细数。

（三）见于毕仲衍的《中书备对》者。此书之进呈亦在元丰三年，惟必在《九域志》成书之前，否则其所记各路主客户数不应与《九域志》异。《备对》的统计材料与《九域志》的时间上当有颇长之距离，因二者之差异有时颇大。前者所代表之确实年代不可知，惟认其代表太平兴国与元丰间之过渡情形，则决无误。《备对》原书已佚，惟其关于户口之文引见于《文献通考》卷十一。此种只有各路细数，无各州府细数。

现在把这三种资料，并为两个表，然后根据这两个表考察北宋土地分配的情形。

在造表之前，我们宜先表明这些材料所受的限制。

（一）在清康熙间宣布“滋生人丁，永不加赋”以前，历史中户口统计的数目字的可靠程度是无从确定的。好在本文所注意的，不是全国或各地的户口数，也不是某类户口在全国或各地的数，而是两种户数（在全国及各地）的比例：即宋人所谓“主户”和“客户”（宋人所谓主户包括食租的地主和自耕农，所谓客户指佃客。上说的三种资料均把食租的地主和自耕农归并为“主户”一项不加分别，现在只得仍之）的比例，假如隐匿户口的原因没有“畸轻畸重”于主客户之间，那么，这两种户的各数即使很不可靠，它们的比例可以是很可靠的。

（二）现在所知，宋代隐匿户口的原因，“畸轻畸重”于主客户之间的，只有一种，那是畸重于客户方面的。当时土地陈报上有一种流行的弊端，叫作“诡名挟佃”。宋代按照财产把民户分为等级，户等愈高则赋役的负担愈重。所以田地多的人家，每把一部分的田地，假托在佃户名下，以图减低户等，也就减轻赋役。这便是所谓“诡名挟佃”。这一来，本来无田的客户在名义上便变作有田的主户了。所以表中的佃户数，其“过算”的可能性比“低算”的可能性大。

（三）第一和第二、三种资料的时代相差有九十年。在这时期里，和隐匿户口有关的社会因素不见有变化，所以这些资料所表示的主客户数及主客户比率即使不很可靠，我们据之以研究主客户比率在这时期里的升降，也可以无大过。

关于下面的表，还有几点要说明。

（一）因为行政区域的改变，三种材料所用的地理单位不同。第二、三两种所用地理单位还相近，故可归并一表。惟第一种所用地理单位和其他二种所用的相差太甚，无法和它们归并。

（二）表中地名之下有“……”时，表示本道或本路主客户之记录不完全（或当时未知，或传刻脱漏）。

（三）第二表中，地名之右注（1）者系指《中书备对》的记录，注（2）者系指《元丰九域志》的记录；其不注（1）或（2）者皆指《元丰九域志》的记录。

（四）《通考》所引《中书备对》，开封府梓州路及夔州路并缺客户数，惟具主客口数，兹姑以客口之百分数替代客户之百分数。

（五）《备对》于全国主户总数下注之：内若干户“元供弓箭手、僧院、道观、山泾、山团、傜、典佃、乔佃、船居、黎户、不分主客女户”，今并附入主户数。又全国总客户数下注之：内若干户“元供交界浮居、散户、蕃部、无名目户”，今并附入客户数。其余二种材料当亦如之。

第一表　《太平寰宇记》中之主客户统计

地域	主户	客户	总户数	客户占总户数之百分比
河南道	664195	567445	1231640	46
开封府	90232	88399	178631	49
河南府	42818	39139	81957	29
陕州	12544	4899	17443	28
虢州	4473	4679	9152	51
许州	18546	21991	40537	54
汝州	9535	14575	24110	60
滑州	11946	1596	13542	10
郑州	10737	6538	17275	38
陈州	11863	11048	22911	44
蔡州	18397	29560	47957	62
颍州	15715	17300	33015	52
宋州	21250	24200	45450	53
亳州	30813	26297	47116	56
郓州	15108	27724	42832	65
曹州	19036	7598	26634	28
广济军	5048	808	5856	14

续表

地域	主户	客户	总户数	客户占总户数之百分比
濮州	11726	4283	16009	27
济州	14191	2843	17034	17
单州	19443	4339	23782	18
徐州	16846	17580	34426	51
泗州	7330	14596	21926	67
宿州	112542	14693	127235	12
淮阳军	6167	10222	16389	62
涟水军	1183	7341	8524	86
青州	22549	28735	51284	56
潍州	11278	10315	21593	48
淄州	11282	18770	30052	62
齐州	12803	19315	32118	60
登州	15456	11458	26914	43
莱州	15523	16508	32031	52
兖州	10211	8048	18259	44
莱芜监	562	1889	2451	77
海州	6088	7246	13334	54

续表

地域	主户	客户	总户数	客户占总户数之百分比
沂州	15902	20697	36599	57
密州	14052	22216	36268	61
……				
关西道	210163	127346	337509	38
雍州	34450	26276	60726	43
同州	22676	4819	27495	18
华州	10169	6946	17115	41
凤翔府	26790	13315	40105	33
耀州	19800	6108	25908	24
乾州	7369	1756	9125	19
陇州	10971	8606	19577	44
泾州	12171	5298	17469	33
原州	3436	3549	6985	52
庆州	4394	7587	11981	62
邠州	14112	5785	19897	21
宁州	11148	6833	18081	33
鄜州	8901	12968	21869	59

续表

地域	主户	客户	总户数	客户占总户数之百分比
坊州	4075	8080	12155	66
丹州	4146	2638	6784	39
延州	12119	4272	16391	26
通远军	2722	2235	4957	25
保安军	714	275	989	28
……				
河东道	206593	56060	262653	21
并州	26820	2502	29322	9
汾州	15189	2039	17228	12
岚州	2730	1472	4202	35
石州	3912	2417	6329	38
忻州	4168	3240	7408	44
宪州	1260	569	1829	31
晋州	20889	4766	25655	19
泽州	13108	10131	23239	44
辽州	2717	4754	7471	64
潞州	17911	6961	24872	28

续表

地域	主户	客户	总户数	客户占总户数之百分比
蒲州	21888	3593	25481	14
解州	7250	1477	8727	17
绛州	39932	6638	46570	14
慈州	5311	630	5941	11
隰州	8758	773	9531	8
代州	3567	2415	5982	41
威胜军	4172	327	4499	7
大通监	2709	521	3230	16
平定军	1756	236	1992	12
岢岚军	1032	318	1350	24
宁化军	414	281	695	40
……				
河北道	381385	205239	586624	35
孟州	14235	7557	21792	35
怀州	11356	3568	14924	50
魏州	55987	20985	76972	27
博州	16207	13331	29538	45

续表

地域	主户	客户	总户数	客户占总户数之百分比
相州	11789	10126	21915	46
卫州	8514	1968	10482	19
磁州	10300	8302	18602	45
澶州	19317	4223	23540	18
德清军	88	338	426	79
洺州	15013	12893	27906	46
贝州	16934	3473	20407	17
邢州	15408	14410	29818	48
祁州	4412	1023	5435	19
镇州	38407	10570	48977	22
定州	22759	1894	24653	8
冀州	18635	3712	22347	16
深州	15488	5873	21361	27
德州	11356	3568	14924	24
棣州	15685	40493	56178	72
沧州	22375	27315	49690	55
瀛州	11364	4100	15464	26

续表

地域	主户	客户	总户数	客户占总户数之百分比
莫州	4530	650	5180	13
霸州	3663	1244	4907	25
保州	2775	1000	3775	26
定远军	2984	1239	4223	29
乾宁军	1708	299	2007	15
破虏军	310	82	392	21
平塞军	810	20	830	24
宁边军	5883	306	6189	50
保顺军	3093	677	3770	18
……				
剑南道	553016	289803	842819	34
益州	89438	42440	131878	32
彭州	26300	7680	33980	23
汉州	48538	10206	58744	17
永康军	14526	5857	20383	29
眉州	31665	31258	62923	41
嘉州	5691	23207	28898	80

续表

地域	主户	客户	总户数	客户占总户数之百分比
蜀州	36254	10322	46576	22
简州	10459	6010	16469	36
雅州	80735	3826	84561	41
黎州	332	186	518	36
茂州	273	53	326	16
梓州	37654	26261	63915	41
绵州	28436	9280	37716	25
剑州	7536	8304	15840	52
龙州	890	642	1532	42
陵州	12392	13115	25507	51
荣州	50011	16704	66715	25
果州	23249	6637	29886	22
阆州	21746	22234	43980	51
遂州	22047	16634	38681	43
普州	1366	13144	14510	90
富顺监	2298	3103	5401	51

续表

地域	主户	客户	总户数	客户占总户数之百分比
昌州	1180	12700	13880	71
……				
江南道	995722	632779	1628501	39
润州	10647	15900	26547	60
升州	44109	17570	61679	29
苏州	27889	7306	35195	21
常州	28071	27481	55552	49
江阴军	7645	6906	14551	48
杭州	61600	8857	70457	12
婺州	2982	64	3046	21
明州	10878	16803	27681	61
台州	17499	14442	31941	45
温州	16082	24658	40740	60
福州	48800	45670	94470	48
南剑州	33830	22840	56670	40
建州	46637	43855	90492	48
邵武军	34391	13490	47881	28

续表

地域	主户	客户	总户数	客户占总户数之百分比
泉州	52056	44525	96581	46
漳州	19730	4277	24007	18
汀州	19730	4277	24007	18
兴化军	13107	20600	33707	60
宣州	34927	12025	46952	25
广德军	9706	1207	10913	11
歙州	48560	3203	51763	6
太平州	11219	2841	14060	20
池州	18381	15043	33424	45
洪州	72350	31128	103478	30
筠州	29396	16933	46329	37
饶州	22805	23112	45917	50
信州	28199	12486	40685	31
虔州	67810	17336	85146	20
袁州	44800	34903	79703	44
吉州	58673	67780	126453	54
建昌军	11002	7845	18847	42

续表

地域	主户	客户	总户数	客户占总户数之百分比
江州	12319	12045	24364	50
南康军	14642	12306	26948	47
鄂州	10470	15014	25484	60
涪州	3501	8547	12048	71
黔州	1279	2504	3783	66
……				
淮南道	161776	216839	378615	58
扬州	14914	14741	29655	51
和州	4789	4961	9750	50
楚州	10578	13839	24417	57
舒州	12842	19338	32180	60
庐州	18817	26411	45228	57
蕲州	14119	14817	28936	51
光州	5251	13330	18581	72
滁州	10839	9834	20673	48
濠州	7447	10864	18311	59
寿州	6997	26506	33503	76

续表

地域	主户	客户	总户数	客户占总户数之百分比
泰州	12188	20283	32471	62
通州	8087	2700	10787	25
高邮军	11628	9137	20765	44
天长军	7148	7632	14780	52
建安军	2055	7800	9855	79
黄州	7342	3609	10951	33
汉阳军	1439	2280	3719	61
安州	4276	8312	12588	66
信阳军	1020	446	1466	30
山南道	173131	262611	435742	55
兴元府	11364	6170	17534	35
西县	1743	1714	3457	49
三泉县	1102	1700	2802	61
文州	5357	1094	6451	14
兴州	2222	2537	4759	53
利州	4301	5399	9700	56
合州	9061	17150	26211	65

续表

地域	主户	客户	总户数	客户占总户数之百分比
渝州	3692	16250	19942	82
开州	2686	7859	10545	75
达州	2660	10331	12991	84
洋州	7441	3699	11140	33
渠州	4036	17759	21795	82
广安军	6253	15463	21716	71
巴州	1093	7659	8752	88
蓬州	6144	16056	22200	72
集州	2713	3239	5952	54
壁州	719	2137	2856	71
金州	3617	8415	12032	70
商州	3763	1305	5068	26
邓州	6010	14366	20376	71
唐州	2387	5041	7428	68
均州	3792	3827	7619	50
房州	4882	690	5572	12
随州	3164	3049	6213	46

续表

地域	主户	客户	总户数	客户占总户数之百分比
郢州	1308	2658	3966	68
复州	3117	4311	7428	58
襄州	11363	15529	26892	58
光化军	3685	3345	7030	48
荆州	36174	27273	63447	43
荆门军	1734	2336	4070	57
峡州	2983	1418	4401	32
云安军	4310	3490	7800	45
夔州	3857	3230	7087	46
归州	1127	1435	2562	57
万州	619	1285	1904	68
忠州	1970	16720	18690	90
梁山军	682	4672	5354	87
……				
陇右道				
秦州	19144	24177	43321	56
成州	3760	5880	9640	61

续表

地域	主户	客户	总户数	客户占总户数之百分比
渭州	1231	1292	2523	52
阶州	1069	4620	5689	85
……				
岭南道	87712	21617	109329	20
广州				
恩州	634	146	780	19
春州	392	13	405	3
龚州	615	252	867	29
韶州	9802	954	10756	9
端州	223	620	843	74
循州	6115	2224	8339	27
梅州	1201	367	1568	23
英州	4387	592	4979	12
南雄州	7738	625	8363	8
贺州	4697	1762	6459	27
桂州	16719	7719	24438	32
新州	6087	121	6208	2

续表

地域	主户	客户	总户数	客户占总户数之百分比
昭州	3785	1340	5125	26
蒙州	2577	812	3389	28
浔州	332	881	1213	73
梧州	1188	499	1687	30
象州	1134	1360	2494	55
融州	1800	718	2518	29
宜州	1786	596	2382	25
雷州	101	5	106	5
崖州	340	11	351	3
……				
全国合计		2415708	5859551	41

第二表 《中书备对》（1）及《元丰九域志》（2）中之主客户统计

地域	主户	客户	总户数	客户占总户数之百分比
东京开封府（1）（2）	183770	51829	235599	22
京东东路	404092	190013	594105	32
青州	67216	25846	93062	28
密州	73642	76505	150147	51
沂州	35120	24969	60089	42
登州	49560	28670	78230	37
莱州	75281	47700	122981	38
潍州	36806	13125	49931	26
淄州	32519	24008	56527	42
淮阳军	33948	51541	85489	62
京东西路	451038	212172	663210	32
兖州	56178	39524	95702	41
徐州	84870	19046	103916	18
曹州	42358	20252	62610	32
郓州	67260	66777	134037	50
济州	41045	14453	55498	26

续表

地域		主户	客户	总户数	客户占总户数之百分比
单州		48470	11807	60277	20
濮州		45367	14469	59836	24
应天府		65490	25844	91334	28
京东路总	(1)	817983	552817	1370800	40
	(2)	855130	402185	1257315	32
京西南路		147871	166709	314580	51
襄州		40772	52255	93027	57
邓州		17370	17105	34475	50
随州		12135	25977	38112	68
金州		13132	23049	36181	64
房州		14118	7113	21231	33
均州		21946	5032	26978	19
郢州		6640	24935	31575	78
唐州		21758	11243	33001	34
京西北路		361904	270156	632060	43
河南府		78550	37125	115675	32
颍昌府		31675	25777	57452	46

续表

地域		主户	客户	总户数	客户占总户数之百分比
郑州		14744	16232	30976	52
滑州		20959	2423	23382	10
孟州		22742	7333	30075	24
蔡州		62156	75930	138672	54
陈州		25649	18584	44223	42
颍州		45624	45784	91408	51
汝州		24139	28236	52375	54
信阳军		5666	12732	18398	69
京西路总	（1）	383226	268516	651742	41
	（2）	509775	436865	946640	46
河北东路		392357	169114	561471	30
大名府		102321	39548	141869	28
澶州		36637	19352	55989	35
沧州		52376	4535	56911	8
冀州		42000	9136	51136	18
瀛州		31601	1726	33327	5
博州		49854	23038	72892	32

续表

地域	主户	客户	总户数	客户占总户数之百分比
棣州	30580	8363	38943	22
莫州	13000	436	13436	3
雄州	8707	262	8969	3
霸州	14102	957	15059	6
德州	18811	18027	36838	49
滨州	14612	31721	46333	69
恩州	32535	22049	54584	40
永静军	20273	13112	33385	39
乾宁军	5263	1193	6456	19
信安军	318	391	709	55
保定军	828	233	1061	22
河北西路	417858	146904	564762	26
真定府	69753	12854	82607	16
相州	26753	21093	47846	45
定州	44530	14730	59260	25
邢州	38936	21697	60633	36
怀州	19234	13682	32916	42

续表

地域	主户	客户	总户数	客户占总户数之百分比
卫州	33843	13873	37716	37
洺州	25107	10652	35759	30
深州	33518	5250	38768	14
磁州	20024	9101	29125	31
祁州	21268	224	21492	1
赵州	35481	5256	41734	15
保州	21453	3420	24873	14
安肃军	5097	1004	6101	16
永宁军	13582	9057	22639	40
广信军	3173	180	3353	5
顺安军	6106	3831	9937	39
河北路总（1）	765130	219065	984195	22
（2）	810215	316018	1126233	28
陕西永兴军路	626412	129643	756055	17
京兆府	158072	65240	223312	25
河中府	49351	5516	54867	10
陕州	32840	11552	44392	26

续表

地域	主户	客户	总户数	客户占总户数之百分比
延州	34918	1849	36767	5
同州	69044	10566	79610	13
华州	68344	11836	80180	15
耀州	19802	6108	25910	24
邠州	53652	6185	59837	10
鄜州	19442	7674	27116	28
解州	25004	3931	28935	14
庆州	12638	6383	19021	34
虢州	10606	6965	17571	40
商州	18089	62336	80425	78
宁州	33268	4106	37374	11
坊州	8236	5043	13279	39
丹州	7988	1847	9835	19
环州	4199	2384	6583	36
保安军	919	122	1041	12
陕西秦凤路	345172	163628	508800	32
凤翔府	127018	44511	171529	26

续表

地域		主户	客户	总户数	客户占总户数之百分比
秦州		43236	23808	67044	36
泾州		18218	7772	25990	30
熙州		199	1157	1356	85
陇州		15702	9072	24774	37
成州		12000	2659	14659	18
凤州		20294	17900	38194	47
岷州		29960	7761	37721	21
渭州		26640	10996	37636	29
原州		16840	5561	22401	25
阶州		23936	17725	41661	43
河州		295	296	591	50
兰州		419	224	643	35
镇戎军		1434	2696	4130	66
德顺军		7589	9152	16741	55
通远军		1392	3337	4729	71
陕西路总	（1）	697967	264351	962318	27
	（2）	971984	293271	1274855	23

续表

地域		主户	客户	总户数	客户占总户数之百分比
河东路		383148	67721	450869	15
		463418	110798	574216	19
太原府		78566	27572	106138	26
潞州		39378	13167	52545	25
晋州		77486	4598	82084	5
府州		1262	78	1340	6
麟州		3790	196	3986	5
绛州		55522	6535	62057	11
代州		18779	11125	29904	37
隰州		37836	1121	38957	3
忻州		12471	4751	17222	28
汾州		41655	11482	53137	22
泽州		38991	12708	51699	25
宪州		2741	811	3552	23
岚州		10146	1313	11459	11
石州		12624	2179	14803	15
辽州		5578	1725	7303	24

续表

地域	主户	客户	总户数	客户占总户数之百分比
丰州	22	136	158	90
威胜军	16190	7916	24106	33
平定军	7176	257	7433	3
岢岚军	814	1692	2506	68
宁化军	476	640	1116	68
火山军	1304	571	1875	30
保德军	611	217	828	28
淮南东路	418884	192691	611575	32
扬州	29077	24855	53932	46
亳州	86811	34068	120879	28
宿州	57818	48060	105878	45
楚州	59727	20018	79745	25
海州	26982	20660	47642	43
泰州	37339	7102	44441	16
泗州	36725	17240	53965	32
滁州	29922	10363	40285	25
真州	16790	17068	33858	51

续表

地域		主户	客户	总户数	客户占总户数之百分比
通州		28692	3247	31939	10
淮南西路		419753	318746	738499	43
寿州		50063	72705	122768	59
庐州		60136	30352	90488	33
蕲州		74017	38356	72373	53
和州		26163	13126	39289	33
舒州		79050	47434	126484	37
濠州		31837	15477	47314	34
光州		25296	40662	65958	61
黄州		32933	49005	81938	60
无为军		40258	11629	52287	22
淮南路总	（1）	723784	355270	1079054	35
	（2）	838637	511437	1350074	38
两浙路	（1）	144646	383690	528336	83
	（2）	1418682	361271	1779953	20
杭州		164293	38513	202806	19
越州		152585	337	152922	

续表

地域		主户	客户	总户数	客户占总户数之百分比
苏州		158767	15202	173969	9
润州		33318	21480	54798	39
湖州		134612	10509	145121	7
婺州		129751	8346	138097	6
明州		57874	57334	115208	50
常州		90852	45508	136360	33
温州		80489	41427	121916	33
台州		120481	25232	145713	21
处州		20363	68995	89358	77
衢州		69245	17552	86797	20
睦州		66915	9836	76751	13
秀州		139137			
江南东路	（1）	902261	171499	1073760	16
	（2）	926225	201186	1127411	17
江宁府		118597	49865	168462	30
宣州		120959	21853	142810	15
歙州		103716	2868	106584	3

续表

地域		主户	客户	总户数	客户占总户数之百分比
江州		75888	19496	95384	20
池州		106657	24708	131365	19
饶州		153605	34590	188195	18
信州		109410	23207	132617	17
太平州		41720	9277	50997	16
南康军		55527	14969	70496	21
广德军		40146	253	40399	6
江南西路	（1）	871720	493813	1365533	36
	（2）	835266	491870	1327136	37
洪州		180760	75474	256234	30
虔州		81621	16509	98130	17
吉州		180767	142630	323397	44
袁州		79207	50477	129684	40
抚州		93915	61921	155836	40
筠州		36134	43457	79591	54
兴国军		40970	12890	53860	23
南山军		34024	1775	35799	5

续表

地域		主户	客户	总户数	客户占总户数之百分比
临江军		68286	21111	89397	24
建昌军		89582	25626	115208	22
荆湖南路	（1）	456431	354626	811057	44
	（2）	475677	395537	871214	46
潭州		175660	182164	357824	51
衡州		74087	105963	180050	59
道州		23038	13646	36684	37
永州		58625	28576	87201	33
郴州		21912	15076	36988	41
邵州		61841	35393	97234	36
全州		29648	4737	34385	14
桂阳监		30866	9982	40848	22
荆湖北路	（1）	350593	238709	589302	41
	（2）	280000	377533	657533	57
江陵府		56314	133608	189922	61
鄂州		53150	72107	125257	58
安州		25524	35220	60744	58

续表

地域		主户	客户	总户数	客户占总户数之百分比
鼎州		33064	8096	41160	20
澧州		19403	39276	58679	67
峡州		12609	32887	45446	72
岳州		50605	46079	96684	48
归州		6877	2761	9638	29
辰州		5669	3244	8913	36
沅州		7051	3514	10565	33
诚州		9734	741	10475	7
成都府路	（1）	574630	196903	771533	26
	（2）	630523	243880	874403	28
成都府		119388	49710	169098	29
眉州		48179	27950	76129	37
蜀州		65599	13328	78927	17
彭州		57418	14999	72417	21
绵州		116064	17085	133149	12
汉州		61697	16843	78540	20
嘉州		17720	52826	70546	75

续表

地域		主户	客户	总户数	客户占总户数之百分比
邛州		63049	17081	80130	20
黎州		1797	915	2712	34
雅州		13461	9526	22987	42
茂州		318	239	557	43
简州		32638	7576	40214	19
威州		1286	383	1669	23
陵井监		31909	15419	47328	33
梓州路	（1）				37
	（2）	248481	229690	478171	48
梓州		78707	22464	101171	22
遂州		31651	19536	51187	38
果州		38333	14085	52418	27
资州		17879	21586	39465	55
普州		9122	20378	29500	69
昌州		5822	28641	34463	83
戎州		12833	4186	17019	25
泸州		2647	32417	35064	92

地域		主户	客户	总户数	客户占总户数之百分比
合州		18013	18621	36634	51
荣州		4911	11754	16665	71
渠州		10910	9894	20804	48
怀安军		24141	3184	27325	12
广安军		10521	14751	25272	58
富顺监		2991	8193	11184	73
利州路	（1）	179835	122156	301991	40
	（2）	189133	147115	336248	44
兴元府		48567	9161	57728	16
利州		5535	16644	22179	75
洋州		32159	27138	59297	46
阆州		36536	17701	54237	33
剑州		20659	7586	28245	27
巴州		8605	23261	31866	73
文州		11535	573	12108	4
兴州		3192	10052	13244	76
蓬州		15212	20596	35808	58

续表

地域		主户	客户	总户数	客户占总户数之百分比
政州		3796	11426	15222	75
三泉直隶县		3337	2977	6314	47
夔州路	（1）				54
	（2）	75453	178908	254361	70
夔州		7497	3716	11213	33
黔州		790	2058	2848	72
达州		6476	40165	46641	86
施州		9323	9781	19104	51
忠州		12137	23713	35850	66
万州		6457	14098	20555	67
开州		8704	16296	25000	66
涪州		2570	15878	18448	86
渝州		11423	29657	41080	72
云安军		4535	6543	11078	57
梁山军		3623	8654	12277	66
南平军		617	3020	3637	83
大宁监		1301	4329	5630	80

续表

地域		主户	客户	总户数	客户占总户数之百分比
福建路	（1）	645267	346820	992087	35
	（2）	580136	463703	1043839	44
福州		114636	96916	211552	46
建州		69126	117440	186566	62
泉州		141199	60207	201406	28
南剑州		59355	60206	119561	50
汀州		66157	15297	81454	19
漳州		35920	64549	100469	64
邵武军		58590	29004	87594	33
兴化军		35153	20084	55237	36
广南东路	（1）	347459	218075	565534	39
	（2）	356983	223267	580250	38
广州		64796	78465	143261	54
韶州		53501	3937	57438	7
循州		25634	21558	47192	45
潮州		56912	17770	74682	24
连州		30438	6504	36942	18

续表

地域		主户	客户	总户数	客户占总户数之百分比
贺州		33938	6267	40205	16
封州		1726	1013	2739	37
端州		11269	13834	25103	55
新州		8480	5167	13647	41
康州		8979			
南恩州		5748	21466	27214	79
梅州		5824	6548	12372	53
南雄州		18686	1653	20339	8
英州		6690	1329	8019	16
惠州		23365	37756	61121	62
广南西路	（1）	163418	78691	242109	33
	（2）	195144	63238	258382	24
桂州		56791	9553	66344	14
容州		10229	3547	13776	26
邕州		4870	418	5288	7
象州		5435	3283	8718	38
融州		2813	2845	5658	40

续表

地域	主户	客户	总户数	客户占总户数之百分比
昭州	15760	90	15850	1
梧州	3914	1821	5735	32
藤州	5070	1312	6382	21
龚州	4553	3486	8039	43
浔州	2229	3912	6141	64
贵州	4022	3438	7460	46
柳州	7294	1436	8730	16
宜州	11550	4273	15823	27
宾州	4612	3008	7620	39
横州	3172	279	3451	8
化州	6018	3255	9273	35
高州	8737	3029	11766	26
雷州	4272	9512	13784	69
白州	3727	862	4589	19
钦州	10295	257	10552	2
郁林州	3542	2003	5545	36
廉州	6601	891	7492	12

续表

地域		主户	客户	总户数	客户占总户数之百分比
琼州		8433	530	8963	5
昌化军		745	90	835	11
万安军		120	97	217	45
朱崖军		340	11	351	3
全国合计	（1）		3949032	12333998	32
	（2）		5499601	16353833	33.6

我们看了这两个表，有以下的事实可注意：

（一）全国客户占总户的百分数在太平兴国时，是四一；在元丰时是三三点六，中间并经降到三二。可见在一百年左右（一个统一和平的时期），土地集中的程度不但没有增加，而且有显著的退减。北宋的土地政策是再放任不过的，像"限民名田""授田""公田"等近于"裁抑兼并"的制度都没有实行过，而结果如此。我们虽然不能照北宋土地分配的情形去类推其他历史上的一切"太平盛世"；但在长久的和平时期中，土地之没有趋向集中的必然性，于此得到坚决的证明。

（二）就最高的行政区域言，太平兴国间土地集中程度最高的似是淮南道（陇右道之记载残缺太多，其总数不可用），其平均客户所占总户百分数为五八；其次山南道（略当今川东及湖北），平均百分数为五五；最低的是岭南道，平均百分数为二〇，其次河东道（略当今山西），平均百分数为二一。

在元丰间，最高的是夔州路，平均数为七〇，其次荆湖北路，平均数为五七（此二路约略相同于太平兴国时之山南道）；最低的是江南西道和陕西永兴军路，平均数皆为一七，其次河东路，平均数为一九。

（三）就州府言，客户占总户百分数七十以上的，在太平兴国间有：

涟水军、莱芜监（以上河南道），德清军、棣州（以上河北道），嘉州、普州、昌州（以上剑南道），涪州（江南道），光州、寿州、建安军（以上淮南道），渝州、开州、达州、渠州、广安军、巴州、蓬州、壁州、金州、邓州、忠州、梁山军（以上山南道），阶州（陇右道），端州、浔州（以上岭南道）。

在元丰间有：

郢州（京西南路），丰州（河东路），处州（两浙路），峡州（荆湖北路），嘉州（成都府路），商州（陕西永兴军路），熙州、通远军（以上陕西秦凤路），昌州、泸州、荣州、富顺监（以上梓州路），利州、巴州、兴州、政州（以上利州路），黔州、达州、涪州、渝州、南平军、大宁监（以上夔州路），南恩州（广南东路）。

占百分之十五以下的，在太平兴国间有：

滑州、广济军、宿州（以上河南道），并州、汾州、蒲州、绛州、慈州、隰州、威胜军、平定军（以上河东道），定州、莫州、乾宁军（以上河北道），杭州、广德军、歙州（以上江南道），文州、房州（以上山南道），春州、韶州、英州、南雄州、新州、雷州、崖州（以上岭南道）。

在元丰间有：

滑州（京西北路），沧州、瀛州、莫州、雄州、霸州（以上河北东路），深州、祁州、赵州、保州、广信军（以上河北西路），河中府、延州、同州、华州、邠州、解州、宁州、保安军（以上陕西永兴军路），晋州、府州、麟州、绛州、隰州、岚州、石州、平定军（以上河东路），通州（淮南东路），越州、苏州、湖州、婺州、睦州（以上两浙路），宣州、歙州（以上江南东路），南山军（江南西路），全州（荆湖南路），诚州（荆湖北路），绵州（成都府路），怀安军（梓州路），文州（利州路），韶州、南雄州（以上广南东路），桂州、邕州、昭州、横州、钦州、廉州、琼州、昌化军、朱崖军（以上广南西路）。

于此可注意者有两点：（1）土地集中程度最高或最低的州府，在地理分布上不是集中的。（2）各州府的土地集中程度在这一百年中大有升降。

（四）从太平兴国至元丰间中国的社会骚乱，除了兵变及边境内外蛮夷的反叛外，有下列的五次。（参看宋朝陈均的《皇朝编年纲目备要》）

1. 淳化四年至至道元年（993—995）王小波、李顺之乱；

2. 至道二年（996）王鸬鹚之乱；

3. 庆历三年（1043）王伦之乱；

4. 庆历七年（1047）王则之乱；

5. 熙宁十年（1077）廖恩之乱。

我们试考查这些乱事发生的地方的土地分配情形，看它们的起因是否和土地的高度集中有关：

1. 王小波、李顺之乱发难于眉州，其地客户所占总户之百分数在太平兴国间为四一，在元丰间为三七。眉州在太平兴国间属剑南道，该道之平均客户百分数为三四；在元丰间属成都府路，该路之平均客户百分数为二八。

2. 王鸬鹚之乱，史未确定为在蜀中那一州府。惟观其自称为南邛王，似在邛州。邛州在太平兴国间属剑南道，在元丰间属成都府路。邛州客户数，《寰宇记》缺略，据《九域志》，其客户百分数为二〇。

3. 王伦之乱起事于沂州，其地之客户百分数在太平兴国间为五七，在元丰间为四二。沂州在太平兴国间属河南道，该道之平均客户百分数为四六，在元丰间属京东路，该路之平均客户百分数为三二。

4. 王则之乱，起事于贝州，其地之客户百分数在太平兴国间为一七，在元丰间（即恩州）为四〇。此地所属之河北道，其平均客户百分数在太平兴国间为三五，在元丰间为二八。

5. 廖恩之乱发生于南剑州，其地之客户百分数在太平兴国间为四〇，在元丰间为五〇。南剑州在太平兴国间属江南道，该道之平均客户百分数为三九；在元丰间属福建路，该路之平均客户百分数为四四。

以上五次乱事发动所在之州府，其客户所占总户之百分数无过五七者，所在道路的这种百分数无过四六者。而同时其他州府的这种百分数有在七〇或八〇以上者，其他道路的这种百分数有至五八或七〇者。可见，此等乱事与土地的集中无甚关系。

附注：张荫麟先生这篇文章是历史研究上极有趣味的一个尝试。作者想从北宋主客户分配的情形证明北宋几次社会骚动与土地集中无甚关系。在一般历史学者对于北宋五次骚动的原因都有相当的认识之情形下，作者想用量的资料再作一个额外的佐证，其用意是很可钦佩的。

在历史研究法之中，尤其在研究社会经济史方面，量的分析是有用且有价值的一种方法。但在运用它的时候必须慎重，要理会它的危险，要认识它的应用限度。第一，“统计可以证明一切”，同样的量的资料可以同时证明完全相反的事情，这是对于引用统计最常有的批评，也就是对于我们采用统计方法的一个严重的警告。第二，量的资料必须精确、完整，足可以供统计的分析。近代统计方法日趋严密，现代的资料的蒐集须依统计原理设计，按时集录，乃得其用。至于见诸历史的量的资料，大都不外官厅行政所用的记载或时人认为有意义的数字。例如张先生文中关于主客户的数字似是当时政府征收田赋的记录，能否从中看出当时土地分配的实际情形，大有商榷的地方。故从现代统计学的观点视之，历史上许多量的资料实在无足重轻，大可弃之不顾。但在量的资料极端贫乏的历史学界偶得若干残缺不完的数字用作佐证，有时却也是很珍贵的，不过一定要如上面所说，把它的应用的限度估量清楚，否则很容易把它的用处估量过高。第三，我们要认清每个历史事实都是单独的、特别的，没有两个历史现象是相同的。因此之故，历史上量的资料原为某项事件或某项目的用的，我们很难同时用以类推或佐证其他的历史事项。第四，历史的资料繁多，量的资料不过是其中的一种，若不将其他相关的资料认识清楚而仅用量的资料来证明某一事项是危险的。

我们于读了张先生的文章后，觉得所用的统计资料有可讨论之处，爰附数语，以供读者参考。

汤象龙

（原载《中国社会经济史集刊》第6卷第1期，1939年6月）

附六　宋初四川王小波李顺之乱

——一失败之均产运动

一、引言

北宋初年四川有王小波（波或作博、或作皤）、李顺之乱，其事与南宋初年鼎澧间钟相、杨幺之乱，遥相对偶，皆可助阶级斗争说张目者。之二乱事，《宋史》及《宋会要》皆有记载，惟其特质，即“均贫富”之理论与举动，二书皆绝不泄露，李焘《续资治通鉴长编》（其书讫于北宋）于前一乱事亦然，谓非有阶级意识为祟焉，不可得也。幸私史所记，尚足补其缺。以此二事例之，有裨于阶级斗争说之史实，为正史所隐，而不幸野史无传，遂以湮没者，当复何限？

之二乱事中，前者尤为重要，以其在中国民众暴动史中，创一新旗帜，辟一新道路，而后者实踵其武。

钟相、杨幺之事迹，近人已有辑集之者，然犹未备。（朱希祖氏撰《杨幺事迹考证》，所采除《宋史》，有《金陀粹编》《三朝北盟会编》《建炎以来系年要录》《中兴小纪》《挥麈三录》。此外可采以补正之者，以作者所知，有《宋会要·兵类》《皇宋中兴两朝圣政》十四、《老学庵笔记》三，又《随园随笔》四）至王小波、李顺之事迹，则世尚无道及者，今故表而出之。

二、乱事之起因及其真性质

《宋史·太宗本纪》载：

（淳化四年二月）永康军青城县民王小波聚徒为寇，杀眉州彭山县令齐元振。

叛乱之因，《宋史》不言。惟《长编》云：

初，右谏议大夫许骧知成都府，及还，言于上曰："蜀土久安，其民流窳易扰，愿谨择忠厚者为长吏，使镇抚之。"时东上阁门使吴元载实代骧为成都。元载颇尚苛察，民有犯法者，虽细罪不能容，又禁民游宴行乐，人用胥怨，王小波起为盗。

则纯以苛政为致此乱之因。苛政固不失为致此乱之一因，而是时蜀中统治者之残酷实有远出于吴元载所为之上者。是时镇蜀者为益王元杰，据《长编》三五：

王尝作假山，所费甚广。既成，召僚属置酒共观之，众皆褒叹其美，（姚）坦（时为益王府翊善）独俯首不视。王强使视之，坦曰："但见血山，安得假山？"王惊问其故。对曰："坦在田舍时，见州县督税，上下相急以剥民。里胥临门，捕人父子兄弟，送县鞭笞，血流满身，愁苦不聊生。此假山皆民租赋所出，非血山而何？"

其后王小波等乱起，太宗遂徙封益王为吴王。然小波等作乱之主因，有在普通苛政之外者。北宋人王辟之（据《直斋书录解题》，辟之为英宗治平四年〈1067〉进士）于《渑水燕谈录》八载：

朝廷初平孟氏，帑藏尽归京师，其后言利者争述功利，置博易务，禁私市，商贾不行，蜀民不足，故小波激怒其人曰："吾疾贫富不均，今为汝均之！"贫者附之益众。向使无加赋之苦，得循良抚绥之，安有此乱？

与此相符而更赡详之记载，则见于南宋末人陈均之《皇朝编年备要》四。（日本静嘉堂文库影宋刊本。四库本作《宋九朝编年备要》。作此文时未得见日人影本，偶书贾持此书旧抄残本来清华图书馆求售，因得引用之。）盖二者同出一源，而《燕谈录》但凭记忆，《备要》则直录旧文。故后者虽较晚出，而史料价值不减也。《备要》云：

蜀地饶富，孟氏割据，府库益以充溢。及王师平蜀，孟氏所储悉归内府。而言事者竞起功利，成都常赋外，更置博买务。诸郡课民织作，禁商旅不得私市布帛，司计之吏，析及秋毫。蜀地狭民稠，耕作不足以给，益以贫困。兼并者复籴贱贩贵，以夺其利。青城县民王小波聚众起而为乱，谓众曰："我疾贫富不均，今为汝均之！"贫民多来附。遂攻掠邛、蜀诸县，袭杀县令齐元振，剖其腹，实以钱，盖恶其诛求之无厌也。贼党由是愈炽。

《燕谈录》谓“禁私市，商贾不行”，《备要》谓“禁商旅不得私市布帛”，二者差异甚大，当以《备要》为是。《燕谈录》容有夺字。由前之说，似四川一切民营商业悉被禁止，此在当时社会状况下，殊难想象。由后之说，则政府所垄断者仅四川布帛之贸易耳。

四川在当时为全国织造工业最发达之地，有二事可证。一者，据《备要》二，蜀民所输两税，皆以匹帛折充。二者，据《长编》八，宋平蜀，得锦工数百人，因于京师置绫锦院以处之。五季以来，四川财富之一大来源，殆为织造品之输出。此业为政府所垄断，而其赢利又归中央，蜀地繁荣所受之影响，可以想见。且也，孟蜀时代，聚敛之积极富，然取之于蜀者仍用之于蜀，自宋平蜀，悉举以归于内府。尔后蜀地赋税，既有增加（据上引《燕谈录》），又复外流，此又当地繁荣之一大打击也。繁荣既减，失业必增，而自布帛私市禁止后，此主要家庭工业品之唯一交易对手即为政府。胥吏为奸，抑价增度，在所不免，更加以统治者之残酷，“兼并者”之“粜贱贩贵”，贫民者之痛苦遂超越其忍耐之限度矣。此王小波之乱所由起也。

小波幕后之主要人物为李顺。沈括在《梦溪笔谈》二五记云：

（前广州巡检使陈）文琏家有李顺案款本末甚详。（上云，“文琏康定中归老泉州，予尚识之”。）顺本味江王小博之妻弟。始王小博反于蜀中，不能抚其徒，众乃共推顺为主。顺初起，悉召乡里富人大姓，令具其家所有财粟，据其生齿足用之外，一切调发，大赈贫乏。录用材能，存抚良善，号令严明，所至一无所犯。时两蜀大饥，旬日之间，归之者数万人。（据《备要》四，小波初起时众才数百人。）所向州县开门延纳，传檄所至，无复完垒。

则小波等“均贫富”之说固非徒用作欺骗民众之口号已也。

又陆游在《老学庵笔记》九记云：

蜀父老言：王小皤之乱，自言“我土锅村民也，岂能霸一方？有李顺者，孟大王之遗孤。初蜀亡，有晨兴过摩诃池上者，见锦箱、锦衾覆一襁褓婴儿，有片纸在其中，书曰：‘国中义士为我养之。’人知其出于宫中，因收养焉，顺是也。”故蜀人惑而从之，未几小皤战死，众推顺为主，下令复姓孟。

谓李顺为孟氏之裔，不知是否藉以号召孟蜀遗民之托词。李顺之被推为主，据陆游，乃在小波战死之后（《宋史·太宗本纪》同）；据沈括，则似小波未死时已然。意者，小波为首难之人，而隐以主位期李顺，军中亦以此待之；顺则不欲遽居小波上，故至小波死后始复故姓，正尊号。审如是，则谓小波或顺为主均无不可。

合观上文所引用之原料，则小波等之所为有可注意者三事：一者，诛杀贪官污吏。二者，藉收资产阶级朘榨之所积，而不绝其生路，此真所谓仁至义尽者也。三者，以藉收所得，大赈贫穷。沈存中毕竟是科学家，于彼等之“录用材能，存抚良善，号令严明，所至一无所犯”，不惮直书。在官书观之，彼等则为杀人放火之盗匪矣。从官报中寻官敌之真相，自来等于缘木求鱼，读史者不可不察也。

三、乱事之发展

小波以淳化四年（993）二月起事于眉州。据《宋史·太宗本纪》及《备要》四，是年十二月，小波战西川都巡检使张玘，于江源县杀之，小波亦中流矢死。

自此以至李顺失败之前，其间蜀变之经过，但有官史（《长编》为进呈之书，亦可算官史）可凭；而《宋会要》（《辑稿》第一七七册《兵》一一）、《宋史》（《太宗本纪》及《宦者·王继恩传》）、《长编》（三五、三六）及《备要》（四、五）所载互有详略，兹参合之如下。（此节非欲专究本题者可略去不观。）

淳化四年（993）十二月，李顺破蜀、邛等州。

五年正月，李顺引众攻成都，烧西郭门，不利，去攻汉州（《宋史》作濮州，兹从《长编》及《备要》）、彭州，两日间连破之；继复攻成都，破之。先是，东上阁门使郭载受命代吴元载知成都，行至梓州，有日者潜告载曰："成都必陷，公往亦当受祸，少留数日则可免。"载怒曰："天子诏吾领方面，阽危之际，岂敢迁延？"遂行。成都破，载与运使樊知古斩关而出，帅余众奔梓州。李顺占领成都，自号大蜀王，改元曰应运，遣兵四出略地。（成都之陷，《备要》系于二月，兹从《宋史》及《长编》。）北抵剑关，南距巫峡，郡邑皆所被及。

初，蜀变之起，朝议欲遣大臣慰抚。给事中参知政事赵昌言独请发兵捕斩，无使滋蔓，议久不决。及李顺连陷邛、蜀等州，乃命昭宣使、河州团练使王继恩（宦者）为西川招安使，率兵讨之，军事委继恩制置，不从中覆，诸州系囚非十恶真赃悉得以便宜决遣。于是二月朔，帝闻成都陷，召宰相，谓曰："岂料贼势猖炽如此！万方有罪，罪在朕躬。忍令陇蜀之民，陷于涂炭？去年以来，连雨数月，此亦兵气之应。朕当部分军马，旦夕讨平之。"遂命少府少监雷有终、监察御史裴庄并为峡路随军转运使，工部郎中刘锡、职方员外郎周渭为陕府西至西川随军转运使。马步军都军头、勤州刺史王杲帅兵趋剑门，崇仪使、带御器械尹元帅兵由峡路（《长编》作陕路，兹从《宋史·王继恩传》。峡路，巫峡一带也）以进，并受昭宣使王继恩节度。是月，李顺分遣数千众北攻剑门。剑门疲兵才数百，都监、西京作坊副使开封上官正奋励士卒，出御之。会成都监军供奉官宿翰领麾下投剑门，适与正兵合，遂迎击大蜀众，大破之，斩馘几尽，余三百人奔还成都。顺怒其惊众，悉命斩于城东门外。初，朝廷深以栈路为忧，正等力战破敌，自是阁道无壅，官军得长驱而入。奏至，太宗喜，以正为六宅使、剑州刺史、充剑门兵马部署，翰为崇仪使、昭州刺史。旋诏除剑南、东西川、峡路诸州主吏民卒淳化五年以前逋负。

三月，诏："近者凶民啸聚，蜀郡惊骚，聊举偏师，往伸薄伐，已闻虎旅，将覆枭巢。既显戮于鲸鲵，虑俱焚于玉石。宜令招安使王继恩候前军所下处，其贼党敢抗王师，即须杀戮。其有本非同恶，受制凶徒，先被胁从，今能归顺者，并释其罪，倍与安存。庶以明好生恶杀之心，亦以举惩恶劝善之典。凡尔庶民，深体至怀。”（此事《王继恩传》记在二月，兹从《会要》及《长编》。）

四月，王继恩帅师由小剑门路入研口寨（奏报斩首五百级），逐北过青强岭，遂平剑州。继入绵州境，大蜀军溃，被杀戮及溺水死者不可胜计，绵州为官军所克。（《宋史》记复剑州在复绵州后，兹从《长编》。）继恩别遣内殿崇班曹习分兵自葭萌趋老溪。大蜀军在老溪者万余，依险为寨，习击破之，斩戮及拥入水溺死者甚众，（奏报斩首三千级）遂克阆州。（《长编》引《张洎集·赐王继恩诏》载曹习状称：“四月十三日，领军发葭萌到青山镇，其镇已为贼烧焚。至十二日到老溪，贼依阻江山，分为二寨，约万余人，习击破之。十三日收阆州。”）又遣巡检使胡正违率兵克巴州，破大蜀兵五千人。

是月，少府少监雷有终破大蜀兵于广安军。初，有终由峡路入蜀，调发兵食，规画戎事，皆有节制。师行至峡中，遇敌格斗，将士渴乏，会天雨，军人以兜鍪承水饮之。且行且战，进至广安军，军垒濒江，三面树栅。会夜阴晦，众敌奄至，鼓噪举火，士伍恐惧，有终安坐栉发，气貌自若。敌既合围，有终引奇兵出其后击之，敌众惊扰，赴水火死者无算。

五月，官军解梓州围。初，知梓州张雍闻李顺乱西川，即谋为守城计，训练城中兵，得三千余，又募强勇千余，令官属分主之，辇绵州金帛以实帑藏，销铜铁为箭镝，伐木为竿，纫布为索，守械悉备。遣观察推官盛梁请兵于朝。既而都巡检、内殿崇班卢斌以十州之众援成都，弗克而还，雍即委以监护之任。子城先为江水所毁，斌复劝谕州民，自城西大壕中掘堑深丈，决西河水注之以环城。李顺寻遣其党相贵帅众二十万来攻。雍与斌登堞望之，大蜀所出兵皆老弱疲惫无铠甲。斌笑，请开北门击之，雍曰："不可。贼或诈见羸形，设伏伺我。且城中吏民心未定，脱为贼所乘，则内外堕其奸计矣。"言未毕，果有卒依敌楼，呼啸与敌相应，亟斩以徇。斌遂突出应战，击刺三十余合，敌少却，继复大设梯冲火车，夜鼓噪攻城。城中大恐，雍命发机石碎之，火箭杂下，敌稍却，复治攻具于城西北隅。雍绐曰："军士趣治装，吾将开东门击贼。"阳遣步骑五百临东门，敌升牛头山瞰城中，见之，谓雍必出，乃设伏于山东之隅，众万余以待之。雍即召死士百余辈缒而下，焚其攻具，自午达申殆尽，敌以为神。敌数乘城进战，皆不利。一日，北风昼晦，敌乘风纵火，急攻北门。雍与斌等据门，立矢石间固守不动，敌不能进。有节度推官陈世卿者素善射，当城一面，亲中数百人。敌浸盛，同幕者皆谋图全之计，世卿正色谓曰："食君禄，当先报国。奈何欲避难为他图耶？"亟白雍曰："此辈皆怯懦，存之适足惑众，不若遣出求援。"雍从其言。围城凡八十余日，会王继恩遣内殿崇班石知颙分数千兵来救，敌始溃去。斌出兵追击之，降者二万余。又破敌数万众，解阆州围，斩三千人，平蓬州。

是月，官军复成都。

四、李顺之结局

成都之复，《长编》三六记云：

> 王继恩至成都，引师攻其城，即拔之，破贼十万余，斩首三万，擒贼帅李顺及伪枢密使计词、吴文赏等，并（获）铠甲僭伪服用甚众。顺方欲尽索城中民，黥其面以隶军籍，前一日城破，民皆获免。

《宋史》及《备要》所记视此为略，亦皆言成都陷，李顺被擒。然《梦溪笔谈》二五载：

蜀中剧贼李顺陷剑南两川，关右震动，朝廷以为忧。后王师破贼，枭李顺，收复两川，书功行赏，了无间言。至景祐中，有人告李顺尚在广州。巡检使臣陈文琏捕得之，乃真李顺也，年已七十余。推验明白，囚赴阙，覆按皆实。朝廷以平蜀将士功赏已行，不欲暴其事。但斩顺，赏文琏二官，仍阁门祗候。……（顺有惠于民）及败，人尚怀之，故顺得脱去，十余年始就戮。

又《老学庵笔记》九载：

王师薄（成都）城，城且破矣。顺忽饭城中僧数千人以祈福，又度其童子亦数千人，皆就府治削发僧衣。晡后分东西门两门出，出尽，顺亦不知所在，盖自髡而遁矣。明日，王师入城，捕得一髯士，状颇类顺，遂诛之，而实非也。有带御器械张舜卿者，因奏事密言："臣闻顺已逸去，所献首非也。"太宗以为害诸将之功，叱出，将斩之，已而贷之，亦坐免官。（按：王明清《挥麈后录》五引《太宗实录》云，"淳化五年五月，李顺之平，带御器械张舜卿奏事言：‘臣闻顺已遁去，诸将所获非也。’太宗云：‘平贼才数日，汝何从知之？徒欲害人功尔！’上怒，叱出将斩之，徐曰：‘前代帝王暴怒杀人，正为此辈。然其父戍边以死。’遂贳之，但罢近职。舜卿父训为定远军节度使，卒于镇，故上念之。”今存《太宗实录》残本惜恰缺淳化至道部分。此条承戴振辉君指出，合志谢。）及真宗天禧初，顺竟获于岭南。初欲诛之于市，且令百官贺。吕文靖为知杂御史，以为不可，但即狱中杀之。人始知舜卿所奏非妄也。

据此二证，则李顺不死于成都之陷，而死于三十余年后，确无可疑。《长编》等书所记皆但凭最初之官报，而未尝参考日后之翻案者也。真李顺之获，沈括谓在仁宗景祐（1034—1037）中，陆游谓在真宗天禧（1017—1020）中，吾人自当采用前说。盖沈亲识案中主要人物，而陆则但凭二百余年后父老之传说耳。

《老学庵笔记》九尚记李顺遗闻二事，录之以备掌故：

蜀人又谓：顺逃至荆渚，入一僧寺，有僧熟视曰：“汝有异相，当为百日偏霸之主。何自在此？汝宜急去。今年不死，尚有数十年寿。”亦可怪也。又云：方顺之作，有术士拆顺名曰：“是一百八日有西川耳，安能久也？”如期而败。

五、大蜀之末路

李顺虽于淳化五年（994）五月败逃，其余党至翌年（至道元年〈995〉）底始去蜀窜伏黔水，以后遂无消息。（《宋史》三〇一《寇瑊传》：“李顺余党复起为盗〈瑊时为蓬州军事推官〉，设方略擒送京师。”此事不知在至道元年底以前，抑后。）此一年半内大蜀之见存史料，除《宋会要》《宋史》《长编》及《备要》外，又有韩琦之《张咏神道碑铭》（见《安阳集》五十），皆此节所据。（此节非欲专究本题者可略去不观。）

王继恩之克剑州也，西京作坊使马知节实为先锋。知节将家子，每以方略自任，继恩挟势骄倨，恶知节不附己，群小从而间之。继恩既破成都，遣知节守彭州，配以羸兵三百，彭之旧卒，召还成都。知节屡乞师，继恩弗听。大蜀复十万众攻彭州城，知节率兵力战。自寅至申，众寡不敌，士多死者。逮暮，退守州廨，叹曰：“死贼手，非壮夫也！”即横槊溃围而出，休于郊外。黎明，救兵至，遂鼓噪以入，蜀众败去。此五月事也。

同月，峡路大巡检白继赟大败李顺余众于夔州。初，尹元等入峡路，首破敌三千余众于新宁，遂深入梁山、广安、渠果之间，捕斩收集，久未得进。王继恩虽径拔成都，而郭门十里外犹为李顺余党所据。其帅张余以官军孤绝无援，复啸聚万余众攻陷嘉、戎、泸、渝、涪、忠、万、开八州。大蜀兵至开州，监军秦传序督士卒昼夜拒战，婴城既久，危蹙日甚，长吏皆奔窜投敌。传序谓士卒曰："吾为监军，尽死节以守城，吾职也。安可苟免？"城中乏食，传序尽出囊橐服玩市酒肉，犒士卒而慰勉之。众皆泣力战。既而敌势日盛，传序度力屈终不能拒，乃为蜡丸帛书遣人间道上言："臣尽死力战，誓不降贼矣！"城既坏，传序投火死。大蜀乘胜攻夔州，列阵西津口，矢石如雨。先是，太宗复遣如京使白继赟为峡路都大巡检，统精卒数千人晨夜兼行，助讨李顺余众。继赟入夔州，出敌不意，与巡检使解守颙腹背夹击之，敌众大败，斩首二万余级。流骸塞川而下，水为之赤。夺得舟千余艘，铠甲数万计。

是月，磔李顺党八人于凤翔市。

六月，诏赦李顺胁从诖误。大蜀攻施州，指挥使黄希逊击走之。峡路行营破蜀兵于广安军，又破张罕二万众于嘉陵江口，又破蜀兵于合州西方溪，俘斩甚众。蜀五万众来攻陵州城。州兵才百四十六人，旧无城堑。知州张旦修完战具，设鹿角，招集民丁拒战，大破之，斩首五十余级。

七月，蜀兵复攻眉州，知州李简等紧守，逾月，蜀兵引去。

八月，剑南招安使昭宣使王继恩擢宣政使、顺州防御使。

先是，继恩有平李顺功，中书建议欲以为宣徽使。太宗曰："朕读前代史书多矣，不欲令宦官干预政事。宣徽使，执政之渐也。止可授以它官。"宰相恳言，继恩大功，非此不足以赏。上怒，深责宰相等，因命翰林学士张洎、钱若水议，别立宣政使名，序立在昭宣使上以授之。诏释剑南、峡路诸州亡命。王继恩握重兵久留成都，专以宴饮为务，每出入，前后奏音乐，又令骑兵持博局棋枰自随，威振郡县。仆使辈则事恣横，纵所部剽掠子女、金帛，坐而玩敌。转饷稍不急给，军士亦无斗志。李顺余众并伏山谷间，郡县有复陷者。太宗屡遣使督战，继恩意颇厌兵。会参知政事赵昌言摄祭太庙，斋宿中书，因召对滋福殿。上谓之曰："西川本自一国，太祖平之，迄今三十年矣。"昌言揣知上意，遂言国家士马精强，所向无不克。顾此草窃，不足仰烦宸虑，即于上前指画攻取之策，上甚喜。旋命昌言为川、峡两路都部署，自继恩以下并受节度。昌言恳辞，上不许，厚赐遣行，别赐手札数幅，亲授方略焉。峡路行营破蜀帅张余，复云安军。

九月，知益州（前已降成都府为益州）张咏奉命赴部（受任在半载前），太宗面谕之曰："西川乱后，民不聊生。卿往当以便宜从事。"有峨眉山僧茂贞者，以术得幸于太宗，往尝语太宗曰："赵昌言鼻折山根，此反相也，不宜委以蜀事。"于是昌言行既旬余，或又奏言昌言素负重名，又无嗣息，今握兵入蜀，恐后难制。上亟幸北苑，召宰相谓曰："昨遣昌言入蜀，朕徐思之，有所未便。盖蜀贼小丑，昌言大臣，不可轻动。宜令且驻凤翔，为诸军声援，但遣内侍押班卫绍钦赍手诏往指挥军事，亦可济矣。"昌言已至凤州，诏追及之，因留候馆。（张咏赴部，及卫绍钦代赵昌言，《宋史·本纪》并系八月，今从《长编》。）太宗以蜀变渐平，下诏罪己。初命翰林学士钱若水草诏，既成进御，帝笑谓若水曰："朕为卿润色可乎？"若水顿首谢。因命笔亲窜数字，皆深切引咎者。诏辞略曰："朕委任不当，烛理不明，致彼亲民之官不以惠和为政，筦榷之吏唯用刻削为功，挠我蒸民，起为狂寇。"又曰："念兹失德，是务责躬。改为更张，永鉴前弊。而今而后，庶或警余！"陕西课民运粮以给蜀师，相属于路。是月，张咏至益州，亟问城中所屯兵数，凡三万人，而无半月之食。咏访知民间旧苦盐贵，而私廪尚有余积，乃下盐价，听民得以米易盐。民争趋之。未逾月得米数十万斛。军士欢言："前所给米皆杂糠，士不可食，今一一精好，此翁真善干国事者。"咏闻而喜曰："吾令可行矣。"时益州虽复，诸郡余敌尚充斥，继恩恃功骄恣，不复出兵，日以娱燕为事；军不戢，往往剽夺民财。诸军支刍粟饲马，咏但给以钱。继恩怒曰："国家征马，岂食钱耶？"咏曰："城中草场，贼既焚荡，刍粟当取之民间。公今闭门高会，刍粟何从而出？若开门击贼，何虑马不食粟乎？咏已具奏矣。"继恩乃不敢言。会卫绍钦亦以诏书来督捕李顺余党，继恩始令兵四出。绍钦破敌于学射山，攻拔双流等寨，招降数万众。别将西河杨琼趋邛、蜀，荡清敌根据地，遂克蜀州。曹习等又破敌于安国镇，杀其帅马太保，斩获甚众。咏以顺党本皆良民，当示以恩信，许其自新，即揭榜谕之。已而首者相踵，咏皆释之，使归田里。一日，继恩械送三十余人请咏治之，咏询之，悉皆前以自首者，复纵之。继恩怒，咏曰："前日李顺胁民为贼，今日咏与公化贼为民，何有不可哉？"继恩有帐下卒，颇恃势掠民财，或诉于咏，卒缒城夜遁，咏遣吏追之，且不欲与继恩失欢，密戒吏曰："得即缚置井中，勿以来也。"吏如其戒，继恩不恨，而其党亦自敛戢云。继恩即分兵四出，咏计军食可支二岁，乃奏罢陕西运粮。太宗喜曰："向者益州日以乏粮为请。咏至未久，遂有二岁之备。此人何事不能了，朕无虑矣！"

十月，宋叛将西川行营指挥使张嶙为部下所杀，其众自拔归。初，王文寿者，隶继恩麾下，继恩遣领虎翼卒二千，分遂州路追讨。文寿御下严急，士卒皆怨。一夕卧帐中，指挥使张嶙排闼入，斩文寿首以出。会夜昏黑，嶙犹疑其非，然炬照之，曰："是也！"时大蜀帅张余有众万余，在嘉州，嶙即以所部与之合，大蜀势甚盛。继恩奏至，太宗欲尽诛军人妻子。近臣或请勿杀，悉索营中书，遣帅招抚，谕以释罪，亲属偕全，必自引来归，因可破贼。上然之。（此据《宋会要·兵》一一及《宋史·王继恩传》。《备要》四却云："奏至，有司请戮其孥，上曰：'此不须杀。'乃命悉索营中书……"）令巡检程道符谕旨。亡卒斩嶙，函首送继恩，皆自拔来归。因使为乡导，击蜀余众。杨琼等复邛州。

十一月，蜀兵攻眉州，为崇仪使宿翰所败，蜀中书令吴蕴死之。

十二月，宿翰等引兵趋嘉州，蜀知州王文操以城降。王继恩御军无政，其下恃功暴横。张咏恐军还日或有意外之变，乃密奏请遣心腹近臣可以弹压主帅者，亟来分屯师旅。乃命枢密直学士张鉴、西京作坊副使冯守规偕往，召对后苑门，面授方略。鉴曰：“益部新复，卒乘不和，若闻使者骤至，易其戎伍，虑彼猜惧，变生不测。请假臣安抚之名。”帝称善。鉴至成都，继恩犹偃蹇，不意朝廷闻其纵肆。鉴之行，上付以空名宣头及廷臣数人。鉴与咏即遣部戍兵出境。继恩麾下使臣亦多遣东还。督继恩等杀捕残敌，而鉴等招辑反侧，蜀乱渐平。

至道元年（995）二月，嘉州函张余首送西川行营。于是大蜀渠帅窜死尽，然其余党犹有伏匿山谷间者。（《宋史·本纪》谓是时“余党悉平”，未确。）

五月，西川行营缚送蜀将勾重荣等五人至，召见于崇政殿。太宗谓近臣曰：“此本皆平民，官吏失于抚御，遂相诱起为盗寇耳。及用兵讨伐，将帅又恣行杀戮，此辈惧死，故亡命山泽。及朕遣中使赍诏招诱，以诚信待之，皆投戈请命，亦可哀也。”以重荣为供奉官，余四人为殿直。

十月，以峰州团练使上官正、右谏议大夫雷有终并为西川招安使，召王继恩归阙。正等招降余敌，剑南以宁。

寻遣使采访川、峡诸州守贰能否，七人以称职闻，赐诏奖之。遂州通判查道与焉，道徙知果州。时大蜀余党尚有伏宕穴，依险为栅者，诏书招谕未下，或请发兵殄之。道曰：“彼愚人也，殆惧罪欲延数刻命尔。”即微服直趋其寨，谕以诏意。或识之曰："郡守也，尝闻其仁。是宁害我者？"乃相率舍兵降。道悉给券，纵令归农。（此事不定在何月，《备要》系于召继恩归阙后，兹从之。）

十二月，太宗以年丰乱息，顾谓宰相曰："国家自近岁以来，钟兹艰运，水旱作沴，连年不顺。河西（李继迁）、蜀川，相继叛乱。飞刍挽粟，千里骚然，而又京邑之中，霖雨弥月，百物涌贵，道殣相望。于兹时也，百姓嗷嗷然。朕为其父母，居亿兆之上，位尊责重，莫遑宁处，每日与卿等相见，虽不形于颜色，然而中心忧念，无须臾之安。由是内修政纪，救万民之愁疾；外勤戎略，定三边之狂孽。以至有司常职，米盐细事，朕亦不惮劳苦，并躬亲裁断，遂致上天悔祸，否极斯泰。巴蜀余妖，窜伏黔水，继迁（案：先是银夏有李继迁之乱）丑类，穷蹙沙漠。而又普天下九谷咸登，塞北江南红粟流衍。朕岂望才经灾歉之后，便睹兹开泰？深自庆慰也。"宰相吕端等相率称贺。

六、张咏《悼蜀诗》、苏辙《蜀论》及唐士耻《拟平李顺露布》

右文写成后，又检得有关之文献三件：一为张咏之《悼蜀诗》并序（见《乖崖集》二），一为苏辙之《蜀论》（见《栾城应诏集》五），一为唐士耻之《拟两川招安使平李顺露布》（见《露岩集》二）。

张咏即上节所记当乱事末期知益州者也。《悼蜀诗》，据自序乃作于咏赴成都约一年后（序有“间一岁而民弗克安”语，咏初赴蜀在淳化五年〈994〉九月，以此推之，诗作于至道元年〈995〉左右）。当乱事未息之时，居乱事所在之地，为乱事而咏叹，亲切之见证无过于此者矣，乖崖诗赋本为北宋一大家，此作瑰丽精严，可为淳化蜀乱史生色，即置其史料价值不论，亦乌可不录？

悼蜀四十韵并序

至道纪号元祀春三月，为审官院考绩引对。天子曰：“天厌西蜀，岁荐饥馑，任失其人，枉政偷剥，民与怨嗟，构孽肆暴，授命虎旅，殄灭凶逆。矧彼黔首，不聊其生。官人安民，朕意罔怠。宽则育奸，猛则残俗；得夫济者，实难其人。尔惟方直，历政有绩，邛、棘幽僻，往理其俗。克畏克爱，汝其钦哉。”祇奉厥命，乘辂西征，夏四月二十有八日供厥职。噫！谋术庸陋，罔敢怠忽。豪猾抑之，赋敛乃息。存恤穷困，招抚流亡，杜厥剥削，宣扬皇风。间一岁而民弗克安，非郡县之罪，偏将之罪也。有听者孰不知民心上畏王师之剽掠，下畏草孽之强暴乎？良家困弊，渐复从贼，庶赊其死，深可悯也。天子远九重，孤贱者惮权豪而不敢言。呜呼！虽采诗之官阙之久矣，然歌咏讽刺，道不可寂然。某敢作悼蜀古风诗四十韵，书于视政之厅，有识君子，幸勿以狂瞽为罪！

蜀国富且庶，风俗矜浮薄。奢僭极珠贝，狂佚务娱乐。虹桥吐飞泉，烟柳闭朱阁。烛影逐星沈，歌声和月落。斗鸡破百万，呼卢纵大噱。游女白玉珰，骄马黄金络。酒肆夜不扃，花市春恨怍。禾稼暮云连，绕绣淑气错。（以上第一段叙乱前之繁华。）熙熙三十年，光阴倏如昨。天道本害盈，侈极祸必作。当时布政者，罔思救民瘼。不能宣淳化，移风复俭约。情性非方直，多为声色著。从欲窃虚誉，随性纵贪攫。蚕食生灵肌，作威恣暴虐。佞罔天子听，所利唯剥削。（以上第二段叙苛政。）

一方忿恨兴，千里攘臂跃。火气烘寒空，雪彩挥莲锷，无人能却敌，何暇施击柝？害物黩货辈，皆为白刃烁。瓦砾积台榭，荆棘迷城郭。里第锁苔芜，庭轩喧燕雀。斗粟金帛市，束刍罗绮博。悲夫骄奢民，不能饱葵藿。（以上第三段叙乱况。）朝廷命元戎，帅师荡凶恶。虎旅一以至，臬巢一何弱。燎毛焰晶荧，破竹锋熠爚。兵骄不可戢，杀人如戏谑，悼耄皆丽诛，玉石何所度。未能翦强暴，争先谋剽掠。良民生计空，赊死心陨获。四野搆豺狼，五亩孰耕凿。出师不以律，余孽何由却？（以上第四段叙官军。）鄙夫炽蜂虿，寡术能笼络。边陲未肃清，胡颜食天爵？世方尚奔竞，谁复振謇谔？黄屋远万里，九重高寥廓，时称多英雄，才岂无卫霍？近闻命良臣，拭目观奇略。

读此诗并序有可注意者五事：

（1）序云："天厌西蜀，岁荐饥馑。……"似四川灾荒为此次乱事之一因。检《宋史》《长编》及《备要》，在此次乱事期间及其稍前，四川均无灾荒之记录。惟韩琦于《张咏神道碑铭》云："（淳化）四年冬，东西两川旱，民饥，吏失救恤，寇大起。（第一节所引《笔谈》亦记此事，惟不详其时。）五年正月，贼首李顺陷成都府。”按王小波起事于四年二月，则两川旱灾乃此次乱事之一助长因，而非其一造始因也。

（2）官军抢劫之事，韩《碑》中言之，《长编》采韩《碑》（据本书三六原注）而削去此事，《宋史》等更无论矣。今序云“民心上畏王师之剽掠”，诗云“未能翦强暴，争先谋剽掠”，可为韩《碑》铁证。以此数语与沈存中所记“贼”方“号令严明，所至一无所犯”诸言相比对，不知果孰为贼也。“王师之剽掠”，此何等语！乖崖虽官，的非禄蠹。

（3）首八韵写尽乱前四川上层社会之豪华，惜未以下层状况与之对照。然姚坦“但见血山，安得假山”之语已为补足。

（4）《诗》云：“害物黩货辈，皆为白刃烁。”可见贪官酷吏服上刑者，决不止腹实青钱之齐元振。

（5）“瓦砾积台榭，荆棘迷城郭。里第锁苔芜，庭轩喧燕雀。……兵骄不可戢，杀人如戏谑。悼耄皆丽诛，玉石何所度？”四韵刻画出一幅四川浩劫图。

《长编》三六自注云：“咏知益州在（淳化五年）九月，不得其日，据《耆旧后传》，咏先到，卫绍钦继至。……《张咏集》乃云至道元年春正月（今所见莫氏仿宋本作三月）

受命，夏四月二十八日供职。《茅亭客话》亦载咏诗年月，与诸书不同，盖误。咏自作诗，纪年月亦应不误，恐传写错谬耳。至道元年正月，则咏已在成都矣。”按诗序所云三月（或正月）奉命，四月供职，按其上下文语气，不似述职而复返。李焘所疑是也。

淳化蜀乱之社会心理的背景，苏辙于《蜀论》中畅发之，文曰：

> 蜀人畏吏奉法，俯首听命，而其匹夫小人，意有所不适，辄起而从乱，此其故何也？观其平居无事，盗入其室，惧伤而不敢校，此非有好乱难制之气也。然其弊常至于大乱而不可救，则亦优柔不决之俗有以启之耳。今夫秦晋之民，倜傥而无所顾，负力而傲其吏，吏有不善，而不能以有容也。叫号纷呶，奔走告诉，以争毫厘曲直之际。而其甚者至有怀刃以贼其长吏，以极其忿怒之节，如是而已矣。故夫秦晋之俗，有一朝不测之怒，而无终身戚戚不报之怨也。若夫蜀人，辱之而不能竞，犯之而不能报，循循而无言，忍诟而不骤发也。至于其心有所不可复忍，然后聚而为群盗，散而为大乱，以发其愤懑不泄之气。虽有秦晋之勇，而其为乱也志近而祸浅；蜀人之怯，而其为变

也怨深而祸大。此其勇怯之势必至于此，而无足怪也。是以天下之民，惟无怨于其心，怨而得偿以快其怒，则其为毒也，犹可以少解；惟其郁都而无所泄，则其为志也远而其毒深，故必有大乱以发其怒而后息。古者君子之治天下，强者有所不惮，而弱者有所不侮，盖为是也。

此论不专为王小波、李顺之事而发。盖王、李之乱平后五年，蜀又有王均之乱。小苏乃总括宋初之蜀乱而为言也。《渑水燕谈录》于记王、李之乱前，有一段话可为小苏之论注脚，文云：

蜀虽阻剑州之险，而郡县无城池之固。（按：此语甚可注意，说明小波等易起易灭之故。魏了翁《鹤山集》十五云“盗发两川，惟陵、梓、眉、遂有城可守”，乃指王小波事，可为旁证。）民性懦弱，尚文学，而世以为蜀人好乱，殊不知公孙述及刘辟、王建、孟知祥辈率非士人，皆以奸雄乘中国多事盗据一方耳。

王辟之与小苏，皆注意蜀地民性之懦弱易欺，亦皆注意宋初蜀人叛乱之叠起。然小苏乃独察及此二事表面上之矛盾性而试为之解释，此事辟之远不及小苏处。小苏之解释，今之社会心理学尚无以过之。宋人策论中每有甚佳之史料与甚精之义理，未可一概以空文矫说目者也。

唐士耻之《拟两川招安使平李顺露布》，代表乱后百余年学士大夫之反响。读此，而受豢之文人学者在今日社会中之任务，亦庶几髣髴焉。吾人于揭穿真相之后，读此裔皇典丽，声高气壮之文，乃如观讽刺画也。文曰：

> 尚书兵部、臣继恩等言：坤维（按：宋人以四川属坤维，指罗盘上之方向言）盗弄，何劳虮虱之诛？师律中行，即遂创痍之复。讫奠蚕鱼之国，既安参、井之疆。用宽西顾之忧，亟上北门之捷。国家鼎来帝运，离照鬼区；大一统以同文，奄八纮而有截。顾维益牧，小远神京。然深仁厚泽之渐摩，与时俱化；乃曲见私心之反侧，动众以言。首谋幸厌于天诛，胁附更思于扇乱。适持节不知于抚定，致号狐益遂于张皇。城壁屡隳，官僚踵戮。痛吾赤子，何忍堕于铦锋？愤尔绿林，敢肆行于虐焰。皇帝陛下，赫然出命，昭若选才。推毂惟专，事靡容于掣肘；释囚兼用，罪惟问于吞舟。甚昧愚心，敢争天险。属旗鼓两明于将钺，乃声威大折于妖徒。矧东川素备于金汤，盖巨

干岂移于蝼蚁！栈路何虞于来往，王师亦务于驱驰。虽凶旅方兴，若可游魂而假息。逮天威一鼓，悉皆授首以摧肝。电扫无前，风行孰御？破竹实三单之快，刈鲸无半瞬之留。锦里依然，重被吾皇之雨露。鸡竿肆及，尽还昔日之农桑。人违黥墨之灾，罪止渠魁之取。虽支党亦归于禽馘，惟众心本荷于皇明。岷峨还澈底之清，星宿有倍常之润。臣叨膺授钺，每誓捐躯。曾何三略之知？常愧六韬之学。幸赖诸军毕力，群校协心，更由神圣之威，获致纤毫之效。贪天何敢？赎罪既多。

附注：此文排就校定后，检《宋景文笔记》上《学海类编》本有一条云："蜀人谓老为皤（原注，音波），取'皤皤黄发'义。后有贼王小皤作乱，今《国史》乃作小波，非是。"按小波之名，既经官书采用，俗成约定，不改亦可也。

（原载《清华学报》第12卷第2期，1937年4月）

第二章　北宋的外患与变法

一

自从石晋末年（947），契丹退出汴梁后，它的极盛时代已成过去。白马岭之战使太宗觉得契丹易与。太原攻下之后，他便要一劳永逸地乘胜直取燕云。这十六州的国防要区一天不收回，他的帝国一天不能算是“金瓯无缺”。但是他的部下，上至大将下至兵卒都指望太原攻下之后，可以暂息汗马之劳，同时得到一笔重赏，回家去享享太平福。太宗却不这样想。将士有了赀财，那里还肯卖力去打仗？不如等燕云收复后，才给他们一起颁赏也不迟。而将士贪赏求逸的隐衷又怎能向皇帝表示？在迅速的“宸断”之下，太宗便领着充满了失望心情的军队向东北进发。一路所经易州和涿州的契丹官将先后以城降，不到一月便抵达幽州城（今北平）下，附近的契丹官将又络绎来降。宋军围幽州城三匝，城内空虚，自分无幸。契丹主也准备放弃这重镇。独有一大将（舍利郎君），自告奋勇，请兵赴援，他领兵夤夜兼程，从间道兜到宋军的后方，席卷而北。宋军仓卒应战于今北平西直门外的高梁桥（下为高梁河）一带，立时大败，四散逃窜。幸而契丹主帅受了重伤，不能穷追。败军复集后找寻太宗不得，只当他已死。正议拥戴太祖的儿子继位间，却发现了他只身乘驴车遁归，大腿上中了两箭。十八年后他就因这伤口的发作而死。

高梁桥之战（太平兴国四年，979）以后，宋辽边境上的冲突，断断续续地拖了二十几年，彼此都无大进展。（京戏中有名的“杨家将”就是在这时代出现的。）太宗于死前三年（994），正当李顺乱事未平之际，曾两次遣使往契丹议和，都为所拒绝。真宗咸平六年（1003），宋殿前都虞候王继忠孤军力战，为契丹所俘。他本是真宗藩邸的亲信，骁勇著名。契丹摄政太后萧氏，很器重他，授以高官，配以贵女。他既荷新宠，又感旧恩，一心要促成宋辽的和好。萧后和她朝中的领袖们对于边境的拉锯战也未尝不感厌倦，但怎肯平白休兵？次年，他们率领倾国的军队南下，同时由王继忠出面与宋朝通书约和，真宗用宰相寇准的定策，一面严密布置守御，并亲至澶渊（今河北濮阳县西南）督师，一面遣使赴契丹议和。契丹攻瀛州城不下，而其进迫澶渊的前锋的统帅（即去年擒王继忠者）又中伏弩死。两方且战且议的结果，便是所谓“澶渊之盟”。构和的条件载于两方交换的誓书内。兹将宋方的誓书录下。

维景德元年，岁次甲辰，十二月庚辰朔，七日丙戌，大宋皇帝谨致誓书于大契丹皇帝阙下：共遵成信，虔奉欢盟，以风土之宜，助军旅之费。每岁以绢二十万匹，银一十万两，更不差使臣专往北朝，只令三司差人搬送至雄州交割。沿边州军各守疆界；两地人户，不得交侵。或有盗贼逋逃，彼此无令停匿；至于垄亩稼穑，南北勿纵惊骚。所有两朝城池，并可依旧存守，淘濠完葺，一切如常。即不得创筑城隍，开拔河道。誓书之外，各无所求。必务协同，庶存悠久。自此保安黎献，慎守封陲。质于天地神祇，告于宗庙社稷。子孙共守，传之无穷。有渝此盟，不克享国。昭昭天鉴，当共殛之！……

据说，宋方的使人临行时，真宗吩咐他道：若不得已，许与契丹的岁币，不妨添到一百万。寇准却把使人召来，对他说：虽有御旨，若许过三十万，我便砍你的头。其后使人定约回来，真宗正在幕内用膳，不及召见，先差太监去探问。使人在幕外，不便扬声，只把三个指头向额上一点。那太监当为三百万禀报。真宗听了道：太多，也罢，姑且了事。

二

澶渊之盟后，宋朝边境保持了三十年完全的和平，而有西夏赵元昊之患。西夏原初的地域，大略包括今陕北的无定河以西、延水之北和绥远的鄂尔多斯。这区域在唐以来为羌族所散布。唐末，这区域的守将跋拔氏（北魏之后）割据自主，传世至宋。太宗时，西夏叛而复附，附而复叛。澶渊之盟前一年，西夏攻占灵州（今宁夏灵武县西南），盟后二年，又复就抚。是时西夏之于宋边，还不过是癣疥之患。至仁宗明道元年（1032），赵元昊（赵是太宗时赐姓）继位，而形势大变。元昊从小就是一个异凡的人物，不独精娴武事，并且通蕃（盖指藏族）汉文字，从法律书、兵书，以至佛典，无所不读；又能绘画，能出新意创制器物。他劝其父不要臣属中国。其父说："我们三十年来，周身锦绮，都是宋朝所赐，怎好负恩？"他说："穿兽皮，勤力牧畜，是蕃人的天性。大丈夫要为王为霸，锦绮算什么？"在继位之前，他曾领兵西征回鹘，连取了甘州和西凉府（并在今甘肃省河西地）。既继位，模仿宋朝制度，改革政府组织。自创西夏字根，命人演成西夏文字，又命人拿来译《孝经》《尔雅》《论语》等书（西夏文译的佛经和其他西夏文书现在还有留存）。他有蕃汉兵十五六万，仍都兴州（今宁夏省会）；西取回鹘的沙、瓜、肃三州（并在今甘肃河西），东南寇宋。他继位之初已私自改元，第七年（1038），便正式称帝，定国号为大夏。此后，宋在今陕西黄河近岸、延水流域，以迄甘肃的环县、庆阳、泾川、固原一带的边境上，和西夏展开四年的苦战。宋方的主要将帅是安阳人韩琦和苏州人范仲淹。范之参预这次军事，原是由韩的举荐，但初时二人的战略根本不同。韩主张集中兵力，深入进攻，一举击破敌主力。他也知道这是冒险的事，但他以为“大凡用兵，当置胜败于度外”。范却以为“承平岁久，无宿将精兵，一旦兴深入之谋，国之安危，未可知也”。“为今之计，宜严戒边城，使持久可守；实关内（即关中），使无虚可乘；若寇至边城，清野不与大战。关中稍实，（敌）岂敢深入？二三年间，彼自困弱。”他又主张军事与外交并用，亲自作书，劝元昊罢兵称臣，时人多以他为怯。庆历元年（1041），韩琦巡边至镇戎军（今甘肃固原），派兵数万，深入敌后，窥取羊牧隆城（今甘肃隆德附近），所遣的统领官贪利轻进，陷入敌人的大包围中，全军尽覆。兵士阵亡的，据当时边庭低折的报告，也有一万零三百人。这是宋与西夏战役中最惨的败仗，中外为之震撼。契丹乘这机会，蠢蠢欲动，次年便向宋朝提出割地的要求。宋朝只得增加岁币银十万两、绢十万匹（加原额三分之二），以为宽免割地的代价。经这一役的教训，韩琦只得接受范仲淹的清野固守政策。从此二人同心协力，作持久计。二人皆名重一时，人心归向，又皆号令严明，爱抚士卒，对近边的羌人部落，也推诚相与，恩威并用。士卒用命，羌人感畏，边境渐安。边民为之歌唱道：

军中有一韩，西贼闻之心胆寒！
军中有一范，西贼闻之惊破胆！

这两位使西贼“心胆寒”“惊破胆”的大将可都不是雄赳赳的武夫，而是温雅雍容的儒者。那羌人尊称为“龙图老子”（因为他带“龙图阁直学士”衔）的范公，并且是一代的作手，他这时在军中的歌咏，为宋人所传诵的，兹录一首如下：

塞下秋来风景异，衡阳雁去无留意。四面边声连角起，千嶂里，长烟落日孤城闭。

浊酒一杯家万里，燕然未勒归无计。羌管悠悠霜满地，人不寐，将军白发征夫泪。

宋朝虽守住了西北边境，却谈不到犁庭扫穴。因为宋取防堵的战略，需要兵力特别多。自对西夏用兵以来，禁军从四十余万增至八十余万，军队的维持费自然照这比率增加，而战时的非常支出还不算。政府虽把税收入增到无可再增（例如以较真宗景德时，商税酒税皆增四倍余，盐税增一倍余），仍不敷甚巨，只得把太祖、太宗以来的储蓄，拿来支用。到西夏事定时，“百年之积，惟存空簿”了。朝廷对元昊自始就没有关闭和平的路，只要罢兵称臣，在相当限度内，银绢是不吝惜的。元昊见宋边无隙可乘，又适值国内发生严重的天灾，便于庆历三年（1043）遣使来讲和。两方所争的只是元昊称呼，来使所持元昊的文书自称“男邦尼定国兀卒上书父大宋皇帝”。兀卒是他自取的名，意思是“我的祖宗”。继后他的文书，竟直用汉译作“吾祖”。但这不过是一种讨价的刁难，次年元昊便答应取消这个怪名，而对国内自称夏国王，对宋称臣。宋朝则答应每年“赐”他绢十万匹，银七万两，茶四万斤。和议成后四年，元昊因为占夺新娶的媳妇，为其子所杀，年四十六。

三

范仲淹自从读书应举时，便“以天下为己任”。他常说，“士当先天下之忧而忧，后天下之乐而乐”。远在仁宗天圣三年（1025），即元昊僭号之前十三年，当他任大理寺丞（年三十七，登进士第后十年）时，他已看见国家隐伏的危机，上书朝廷，倡言改革。书中最精警的一段道：

> 圣人之有天下也，文经之，武纬之，此二道者，天下之大柄也……相济而行，不可斯须而去焉。……《道经》曰：“祸兮福所倚，福兮祸所伏。”又曰：“防之于未萌，治之于未乱。”圣人当福而知祸，在治而防乱。……我国家……自真宗皇帝之初，犹有旧将旧兵，多经战敌，四夷之患，足以御防。今天下休兵余二十载，昔之战者，今已老矣，今之少者，未知战事。人不知战，国不虑危，岂圣人之意哉？而况守在四夷，不可不虑。古来和好，鲜克始终。……今自京至边，并无关崄。其或恩信不守，衅端忽作，戎马一纵，信宿千里。若边少名将，则惧而不守，或守而不战，或战而无功，再扣澶渊，岂必寻好？未知果有几

将，可代长城？伏望圣慈……与大臣论武于朝，以保天下。先命大臣密举忠义有谋之人，授以方略，委以边任；次命武臣密举壮勇出群之士，任以武事，迁其等差……列于边塞，足备非常。……至于尘埃之间，岂无壮士？宜复唐之武举，则英雄之辈，愿在彀中。此圣人居安虑危之备，备而无用，国家之福也。

除了国防整顿外，仲淹于官吏之选任、人才之储养、直谏之奖励、文风浮薄之救正、君德之修省，皆有所规陈。但他这封富于预言性的奏书竟未曾发生一点实际的影响。

庆历三年（1043），当元昊使来，西事大定之后，仲淹被召入朝为枢密副使，旋任参知政事，一时朝野倾心属目。他于就职的次月，上了一封“万言书”，条陈兴革事宜十项。这十项中除关于民生的两项（厚农桑，减徭役）外，其余大旨不出天圣三年的建议的范围，不过比从前更为周详，更为具体罢了。现在把其中比较最重要的六项归入四纲领，节述如下。

（一）关于国防建设的。恢复唐朝的府兵制：“先于畿内并近辅州府召募强壮之士，充京畿卫士，约五万人，以助正兵，足为强盛，三时务农……一时教战。……俟京畿近辅召募卫兵已成次第，然后诸道仿此渐可施行。”

（二）关于民生的。（甲）厚农桑："请每年秋，降敕下诸路转运司，令辖下州军吏民各言农桑可兴之利，可去之害，或合开河渠，或筑堤堰陂塘之类，并委本州运选官计定工料，每岁于二月间兴役，半月而罢，仍具功绩闻奏。"（乙）减徭役：省并户口虚少的县份，使这些县民繁重的徭役可以减轻。（因人民须服役于县衙，县多户少，则役重。）

（三）关于科举制度的。"请诸路州郡有学校处奏举通经有道之士，专于教授，务在兴行。……重定外郡发解条约，须是履行无恶艺业及等者方得解荐，更不弥封试卷。……其考较进士以策论高、词赋次者为优等，策论平、词赋优者为次等。诸科经旨通者为优等，墨义通者为次等。……进士、诸科，并以优等及第者放选任官，次等及第者守本科选限。"

（四）关于用人行政的。（甲）明黜陟：是时成例，"文资三年一迁，武职五年一迁，谓之磨勘。……虽愚暗鄙猥，人莫齿之，而……坐至卿监丞郎者比比皆是"。仲淹请严定考绩之法，使无功不擢，有善必赏。（乙）抑侥幸：自真宗以后，恩荫愈滥，"两省至知杂御史以上，每遇（三年）南郊并（每年）圣节（皇帝生日）各奏一子充京官，少卿监奏一子充试衔……其大两省等官……复更（例外）每岁奏荐。……假有任学士以上官经二十年者，则一家兄弟子孙出京官二十人。仍接次升朝”。仲淹请废圣节恩荫之例，其余恩荫的优待，亦大加减损。

仲淹任参知政事不满一年，便在怨谤丛集之下，不安于位而去。他所提出的改革方案中，复府兵一项因其他大臣一致反对，谈不到实施；变科举一项，已完全实行，但他去职后不久，旧制又被恢复；其他各项，若不是未及着手，便是才开了一点端绪，便因他的去职而停息。他去职后，出巡西北边，其后历知州郡，八年而殁（1053），谥文正。

仲淹字希文，二岁丧父，其母携他改嫁长山（在今山东）朱氏。初从朱姓，名说。至二十九岁，始复本姓，定今名。年二十一，中“学究”科。继后读书于长山的山寺中。这时他的生活很清苦，每日煮一锅粥，划为四块，早晚取两块，加上几茎齑菜和一些盐便算一餐。年二十三，得知自己的身世，立即带着琴剑，离开朱家。其母派人追及他，他说：“十年后，等我中了第，再来迎接母亲。”他投入南京（宋以商丘为南京）的府立学舍，在学舍中更加贫乏，有时连饘粥也不饱，夜间被盖不够，就和衣而睡。真宗巡幸南京学舍，生徒皆往观看，他独不出。南京留守的儿子和他同学，见他的情形和留守谈及。留守命人送了他好些肴馔，他收下，却一直等到腐败也不一动。留守的儿子问故，他说：“并非不感谢厚意，可是食粥已久，安之若素，一旦享受了这嘉肴，以后吃粥还吃得下么？”年二十七，登进士第。初仕为广德军司理参军（法官），常为断狱事和郡长官争是非。长官每盛怒临他，他一点也不摇动，归去便把和长官往来辩论的话记在屏风上，等到满任，整副屏风都写满了。后来知开封府时，有一宦官，倚势作威，中外畏惧，他独抗疏弹劾；自知此事危险，疏上之后，嘱咐诸儿子，他若不幸，以后他们不可做官，但在他墓旁设馆，教书度日。他虽显贵，常以俭约表率家人。非宴客，食不重肉。每夜就寝前，自计一日间自奉的费用和所做的事，若觉得两者可以相当，便熟睡，否则终夜不安，次日必设法做一有益于人的事以为抵补。他为次子娶妇，听说妇家以纱罗给她做帷幔，便怒道：“罗绮岂是做帷幔之物？我家一向清俭，怎得乱我家法？若敢拿来我家，必定把它当众烧掉。”他的起人景慕的遗闻轶事，可以写一本书，这里所选择的只代表他的不移于贫贱，不淫于富贵，不屈于威武的性格，即孟子所谓“大丈夫”的性格。

仲淹死后八年，当仁宗嘉祐五年（1060），王安石（时年四十）自江东提点刑狱任满应召，赴阙也上了一封“万言书”。他也觉得国家的现状非变革不可，但他认为变法的先决问题是人才的问题。照他的人才的标准，这时无论在中央或在地方，在位或在野，都缺乏人才。“今以一路数千里之间，能推行朝廷之法令，知其所缓急，而一切能使民以修其职事者甚少，而不才苟简贪鄙下人至不可胜数。……朝廷每一令下，其意虽善，在位者犹不能推行，使膏泽加于民，而吏辄缘之为奸，以扰百姓。”为什么人才这样缺乏呢？他以为由于“教之、养之、取之、任之”不得其道。什么是“教之”之道呢？他以为国家应自都城以至乡镇，遍设学校，凡优秀的青年都取入学校，由国家供养，严选教师，教以“朝廷礼乐刑政之事”。所谓“刑政”之事，包括军事。“先王之时，士之所学者，文武之道也。士之才有……大小。……至于武事则随其才之大小无有不学者也。故其大者居则为六官之卿，出则为六军之将也。其次则比、闾、族、党之师，亦皆率两师旅之帅也。”什么是“养之”之道呢？他以为国家于取入学校和仕于政府的士人，应当“饶之以财，约之以礼（自婚、丧、祭、养、燕享，以至服食器用皆有定制），裁之以法”。什么是“取之”之道呢？他说“取人必于乡党、于庠序，使众人推其所谓贤能，书之以告于上而察之（试之以事），诚贤能也，然后随其德之大小、才之高下而官使之”。至于“任之”之道，则任期要久，职责要专，并待以严格的考绩之法。简单地说：要变法，积极方面当从政治和军事教育的普及化做起；消极方面当首先废除以文辞和记诵取士的科举制度。他认为这是逼切的需要，他警告仁宗以下面一类故事：

> 昔晋武帝趣过目前，而不为子孙长远之谋。当世在位亦皆偷合苟容，而风俗荡然，弃礼义，捐法制。上下同失，莫以为非。有识者固知其将必乱矣。而其后果海内大扰，中国列于夷狄者二百余年。

但他这封书的效果和三十五年前（天圣三年）范仲淹所上的那封书一样。

四

仁宗在位四十二年，无子，以从侄继，是为英宗。英宗在位四年，其子继，是为神宗。

神宗即位时才二十岁（以足岁计还未满十九岁）。他做皇子时，谦恭好学，优礼宾师，很得士林的称誉。他是感觉异常敏锐的人。他即位之初，和朝臣谈到太宗的死状，至于堕泪。他立志要兴振中国，收复燕云的失地，湔雪祖宗的耻辱。以稚年临御，承积弱之后，而发奋图强，在这一点上，他和汉武帝正相符同（他即位时比武帝长三四岁）。他一生的事业也似乎隐隐以武帝为榜样。但他的福命不如武帝：武帝寿六十九，他寿仅三十八。他所处的时代也和武帝所处的大不相同。武帝初年，当长期休息之后，公家的财力绰裕盈溢；而神宗即位时，不独府库虚竭，国计也濒于入不敷出了。武帝承景帝深文酷法、繁刑严诛的余风，其时主威赫铄，法为国是，令出必行；而宋太祖"誓不杀大臣及言事官"的家法，和真、仁两朝过度的宽柔，浸假造成政治上一种变态的离心力：以敌视当权为勇敢，以反对法令为高超，以言事得罪为无上的光荣。政府每有什么出乎故常的施为，必遭受四方八面寻瑕抵隙的攻击，直至它被打消为止。范仲淹的改革就在这样的空气里失败的。英宗朝因为追尊皇帝本生父的名号的小小问题（即所谓"濮议"，英宗本生父原为濮王），笔舌的战争就闹得天翻地覆。到神宗即位时，这种政治上变态的离心力久已积重难反了。再者，汉初去春秋战国"军事中心"的时代不久，尚武之风未泯，右文之政未兴，故将材易求，斗士易得，图强易效。宋初惩五季军人恣横之弊，一意崇文抑武，三衙实际的长官爵不过四品至六品，唐朝的武举制度也废而不行，军为世贱，士耻言兵，结果良将勇士，两皆寥落。神宗朝重大的战役多委之宦者季李，其时军事人材的缺乏可想见了。

神宗做皇子时，对王安石久已心仪神往。他即位时，安石方以前知制诰的资格，闲住在金陵。他正月即位，闰三月便命安石知江宁府，九月便命安石为翰林学士。其后三年间，安石遂历参知政事而至宰相。这王安石是江南西路临川县人。其父历知韶州及江宁府通判。他少年时代的优裕顺适和范仲淹恰成对照。据说他的“眼睛如龙”，读书过目不忘。他二十四岁便登进士第，本取第一，因赋卷中语犯忌讳，改置第四。可是他一生从没有和人谈及这件得意的失意事。他的诗文在文学史上都属第一流，并且为当代文宗欧阳修深所心折。欧初识他时，赠他的诗有“翰林风月三千首，吏部文章二百年”之句，直以李白、韩愈相拟。他不独以文名，德行、政事也无不为侪辈所推服。他官知制诰时，他的夫人给他买了一个妾，那是当时达官应有的事，安石见了她，就问：“那里来的女子？”答道：“夫人叫我来侍候舍人的。”问她的来历，原来她的丈夫是一个军校，因运米损失，家产入官，还不够赔，便把她卖掉，得价九十万钱。安石立即命人把她的丈夫找来，让他们复为夫妇。他官知制诰后，居母丧，年已四十余，却尽极哀毁，在厅堂里以藁秸席地，坐卧其上。有一天，某知府给他送一封信，那差人看了他的样子，只当他是一个老仆，叫他递入内宅。他在藁席上拿了信就拆。那差人嚷骂道：“舍人的信，院子也拆得的么？”左右告诉差人那就是舍人！他于书卷外，一切嗜欲都异常淡薄，对衣食住都漠不关心。后来毁他的人便说他“囚首垢面而谈诗书”。他于荣禄也未曾表现过一点兴趣。宋朝的“馆职”（“三馆”是国家的图书馆和史馆）是朝廷储才待用的机关，地位极清高，也是仕宦上进必由之路。照例进士名列前茅的，初仕任满后可以请求考试馆职，他却不去请求。再经两任（三年一任）外官之后，大臣荐他去考试馆职，他也不赴。再历一任外官之后，朝廷直接授他馆职，他也不就。再经一任外官之后，朝廷又授他以更高的馆职，他于屡辞之后，才勉强俯就。但他不是没有办事的才能。他在政治上的好处，后来的史家极力埋没，但我们于他早年的政绩还可以找得一例：他知鄞县任满后，县人就给建立生祠。这样一个德行、文章、政事的全人，他在仕途上愈懒于进取，朝野的有心人愈盼望他进取。当他给仁宗上“万言书”的时候，他久已声满天下。可是到了他由江宁知府，而翰林学士，而参知政事，而宰相，一直猛跳的时候，到了天爵和人爵极备于他一身的时候，先进和后进的同僚，包括那正人君子的领袖司马光，都不免对他侧目而视了。

五

我们读史有时可于异中见同。汉武帝初年，财政和军备都没有问题，所以他的事业的第一步是开边；到了后来因兵事的耗费，财政不足，才施行新经济政策。神宗即位时的情形正正相反，所以他的事业的第一步是经济、军事，以至教育上种种建设和改革；后来这些兴革有了相当成效，才着手开边。两人事业的程序是“易地则皆然”的。

神宗在王安石的辅导下所行的新法，现在择其重要的，分经济、军事、教育三类，每类依颁行的次序述之如下。

（一）经济

（甲）青苗法（熙宁二年〈1069〉九月颁布）。其法：各地方政府，每年二次举行放款，听人民自由请贷（第一等户每次所贷不得过钱十五贯，以下递减），半年为期，取息二分。这种贷款叫作“青苗钱”，因每年第一次散放是在苗青的时候。此法初行时，官吏邀功，每强迫富人称贷，这叫作抑配，后立法严禁。二分的利息，现在看来，似乎不轻，但在当时，因为通货稀少，民间的利息很高，以五分为常，甚至有一年倍本的。此法固然是政府的生财之道，也是感觉青黄不接之苦的农民的一大福音。以重利盘剥为业的豪强对此法的痛恨是很容易了解的，但司马光所代表的一班士大夫对此法之原则上的反对是比较不容易了解的。

（乙）农田利害条约（熙宁二年十一月颁布）。这法令原文的节略如下：

> 凡有能知土地所宜种植之法，及修复陂湖、河港；或元无陂塘、圩埠、堤堰、沟洫，而可以创修；或水利可及众，而为人所擅有；或田去河港不远，为地界所隔，可以均济流通者；县有废田旷土，可纠合兴修；大川沟渎，浅塞荒秽，合行浚导；及陂塘堰埭，可以取水灌溉，若废坏可兴治者，各述所见，编为图籍，上之有司。其土田迫大川，数经水害；或地势汙下，雨潦所钟；要在修筑圩埠、堤防之类，以障水势，或疏导沟洫、亩浍，以泄积水。县不能办，州为遣官；事关数州，具奏取旨。民修水利，许贷常平钱谷给用。

这法令的实效是：截至熙宁九年（1076）止，全国兴修的水利田共三十六万余项。但反对党在这事实下注上一句道："民给役劳扰。"

（丙）募役法（熙宁三年〈1070〉十二月颁布）。其法要点：是令本来有徭役义务的人民，输钱代替，这叫作"免役钱"；官户（即仕宦之家）、寺观、女户等等，本来没有徭役义务的也令出"助役钱"，其数比免役钱减半。免役和助役钱的征收率，按各地方政府雇役的需要和资产的等级（分五等）而定；于免役和助役钱的本项外，加征二分，叫作免役或助役宽剩钱，此款原定以备凶荒之用，后来解归国库。募役法对平民是有史以来一大解放，惟官户不免因之蒙受一点小小的损失，其遭受士大夫的反对是势有必至的。

募役法为安石经济政策中最先急的项目。安石曾对神宗说（熙宁四年〈1071〉二月）："今所以未举事者，凡以财不足，故臣以理财为方今先急，未暇理财而先举事，则事难济。臣固尝论天下事如弈棋，以下子先后当否为胜负，又论理财以农事为急，农以去其疾苦、抑兼并、便趣农为急，此臣所以汲汲于差役之法也。"

（丁）市易法（熙宁五年〈1072〉三月颁布）。此即汉武帝时的平准法的扩大。平准法只行于京师，市易法则推行于京师以外。隶属于京师市易务的分支市易务，设置于下列各处：杭州、黔川（今四川彭水县）、成都、广州、郓州（今山东东平县西北）。反对党反对此法的理由是：“与商贾争利。”

（二）军事

（甲）保甲法。此法实即旧有乡兵制的改良和扩大，其施行有四个重要的步骤。第一步（熙宁三年十二月）：编民户十家为一保，五保为一大保，十大保为一都保；保有保长，大保有大保长，都保有都保正和副都保正，各选本组织内材勇为众所服的主户（地主或自耕农）人丁充当；家有两丁以上的，选一人为保丁，两丁以外的余丁亦选其壮勇的充保丁。每大保每夜轮派五人警盗，同保有犯强盗、杀人、放火等等重罪而知情不举的坐罪，保内有容留强盗三人以上过三日以上的，其邻舍虽不知情亦坐罪。此法先行于畿内，以次推及全国。第二步（熙宁四年）：奖励畿内保丁习武，每年于农隙分地举行会试，试骑步射法，上等的授官职，以次至四等予赏有差。第三步（熙宁五年）：许畿内主户保丁“上番”（即赴各县巡检司服巡警之役），十日一换；月给口粮和薪菜钱。第四步（元丰二年〈1079〉至四年〈1081〉）：予保甲长及保丁以严格的武艺教练，先以禁军的教头教大保长，三年艺成，乃以大保长为教头，教保丁。此法先行于畿内，次及河北、河东、陕西三路。到了熙宁四年，这三路共有受训完毕的保丁约七十万人。第四步的开始施行已在王安石去位后三年。

与保甲法约略同时实行的是募兵的裁减，但所裁减的，厢兵居多（其数不详），禁兵较少。计禁军总数在英宗末年为六十六万余，在熙宁间为五十六万余，在元丰间为六十一万余。

在安石的军事计划中，保甲法原是恢复府兵制以代替募兵制的准备。在施行保甲法第一步之前，安石已与神宗讲论府兵之制，打算以渐复行之。关于此事，安石在所撰《熙宁奏对日录》中曾有记载，此书已佚（此书百二十卷为我国历史文件中稀有之宝，佚去太可惜，幸大部分已为李焘采入《续通鉴长编》中，但经删修，本来面目已失，惟宋人陈瓘《四明尊尧集》引五十余则，可于以见其内容一斑），兹据朱熹所引，摘录如下：

> 余……为上言募兵之害，终不可经久。佥以为如此。
>
> 余曰："今养兵虽多，及用则患少，以民与兵为两故也。又五代祸乱之虞，终不能去，以此等皆本无赖奸猾之人故也。"
>
> 上因问府兵之制曰："何处言府兵最备？"

余曰：“李邺侯传言之详备。”

上曰：“府兵与租庸调法相须否？”

余曰：“今上番供役，则以衣粮给之，则无贫富皆可以入卫出戍。虽未有租庸调法，亦可为也。但义勇不须刺手背。刺手背何补于制御之实？今既以良民为之，当以礼义奖养。刺手背但使其不乐，而实无补也。又择其乡间豪杰为之将校，量加奖拔，则人自悦服。今募兵为宿卫，乃有积官至刺史防团者。移此与彼，固无不可。况不至如此费官禄，已足使人乐为之。陛下审择近臣，使皆有政事之材，则他时可令分将此等军。今募兵出于无赖之人，尚可为军厢主，则近臣以上岂不可及此辈？此乃先王成法，社稷之大计也。”

上良以为然。

随后安石即奏上记载唐府兵法最详的《邺侯家传》。此奏原稿曾为朱熹所藏。朱熹说：“（予）独爱其纸尾三行，语气凌厉，笔势低昂，尚有以见其跨越古今、斡旋宇宙之意。疑此非小故也。”又说：“抑公此纸，词气激烈，笔势低昂，高视一时，下陋千古，而版本文集所载，乃更为卑顺容悦之意，是必自疑其亢厉已甚，而抑损之，其虑深矣。然论其实似不若此纸之云，发于邂逅感触之初，尤足以见其胸怀本趣之为快也。夫以荆公之得神祖，可谓千载之一时矣，顾乃低徊若此，而犹未免有郁郁之怀。君臣之际，功名之会，呜呼难哉！”

神宗到底认府兵制为不可复行，故安石罢政后，不再谈及，其旨似以保甲为防守的辅助力，而战斗的主力仍任募兵。

（乙）保马法（熙宁五年，元丰七年〈1084〉）。此与汉武帝时之“马复令”（许人民养官马以减免徭役）相近。其法：于畿内及京东、京西、河北、河东、陕西五路，许人民领官马自养，或领官钱买马自养，每户不过两匹；养官马之家，公家给以钱帛，并免除其捐税的一部分（后来畿内不给钱帛），同时养户自然得使用所养官马。属三等以上的养户十家为一保，属四等以下的养户十家为一社；一保之内，马有死者，十家共偿其值；一社之内，马有死者，十家共偿其值之半。后来又令京东、京西两路保甲户一律养马，而免除其教阅及此外若干保甲的职责。

（丙）更戍法的废除（熙宁七年〈1074〉至元丰四年）。更戍法本以防止兵为将有，但结果“兵不知将，将不知兵，临事应变，精神散漫，指挥不灵”。禁军之不振，这是其原因之一。神宗和安石有鉴于此，逐渐于各路的军略要地取消更戍法，而设置固定的驻防禁军，由固定的主将，就地训练。这种驻防军的设置，当时称为“置将”。“将”是当时军队新编制中的一种单位，一将约有三千人上下，仿佛现在的一师。

（三）教育

（甲）变科举。熙宁四年，罢进士以外的“诸科”（诸科是专考记诵的），令除曾应考“诸科”不第的人外，不得参加此种考试；增加进士的名额；进士试废诗赋，专用经义策论；所试群经，但取《易》《诗》《书》《周礼》《礼记》及《论语》《孟子》，而废弃旧有的《春秋》和《仪礼》（同时太学教授及经筵进讲亦废之）。

（乙）变学制与兴学校。（1）宋初的太学只是品官子弟考“取解”（取解即取得应进士试的资格，平民在本州取解）的机关，有学校之名而无肄学之实。至仁宗皇祐末，在湖州大儒胡瑗的管领下，太学才成为一真正讲学的机关，但其时学生不过二百人，胡瑗去后，又渐复原状。神宗即位，增太学生额为三百人，后又增为九百人。熙宁四年分太学为三舍，外舍生无定员，新生充之（太学生仍限品官子弟）；外舍生经考选入内舍，内舍生额三百人。内舍生经考选入上舍，上舍生额百人；上舍生考取优等的荐于中书，授以官职。元丰二年，增太学生额外舍二千，内舍三百，上舍一百。规定除月考外，每年各舍总考一次，决定外、内舍生的升舍，上舍生的等第。上舍生考上等的等于进士及第，即授官职；中等的免进士的礼部试；下等的免取解。（2）仁宗庆历四年（1044），当范仲淹为参知政事时，曾“令州各县皆立学（校），本路使者选部属官为教授，员不足，取于乡里宿学有道业者”。但当时诸州奉行的不多，其后又限旧时节度使所领州方得立学。熙宁四年，复令各路、州、府立学，每郡给田十顷以赡养学生。其后又派定诸路的州府学教授凡五十三员。（3）仁宗庆历间，胡瑗曾建议兴武学（即中央军官学校），朝议格而不行。熙宁五年始行其议。

（丙）《三经新义》的纂修和颁行。所谓三经是《周官》《书经》《诗经》，《新义》始修于熙宁六年（1073），颁行于八年（1075），主纂的人物为王安石、其子王雱和安石最得力的助手吕惠卿。《三经新义》乃安石对付敌党的思想的武器，也是他所谓“一道德、同风俗”的工具。自从新法开始颁行以来，所有元老重臣和清流名士一致反对，在朝的谤议汹起，在外任的百方阻挠，使新党辩护穷于辩护，神宗谪黜穷于谪黜。反对党的最后论据，可用三朝元老文彦博的话代表。熙宁四年三月，他论新法道：“祖宗法制具在，不须更张，以失人心。”神宗问：“更张法制，士大夫诚多不悦，但于百姓何所不便？”彦博道：“为与士大夫治天下，非与百姓治天下也。”神宗和安石的坚毅到底战胜了一般士大夫的口舌，而贯彻了新法的推行。但为巩固国是的心理基础，他们不得不在经典中替新法找寻或制造理论的根据。《三经新义》便是这种工作的结果。群经中最可为新法掩护的莫如《周官》，故安石也特别推重《周官》。《新义》三种中唯独《周官》一种是安石亲自属笔的，也唯独此种流传至今。《新义》自从颁行以后，在五十余年间，除了短期的被掩蚀外，支配了整个的思想界：太学和州县学校用为主要的课本，科举考试用为绝对的准绳。《新义》以外，三经的一切其他注疏，都无人过问了。

后来宋朝贬斥王安石最力的学者，也公认《新义》富于新颖而确当的解释，不容废弃。我们现在读《周官新义》，很容易注意到的却是安石解经的特殊作风，一种奇怪的拆字法。例如他解“遂”字道：“豕八而辵则遂。”又例如他解“夫”字道：“夫之字与天皆从一从大，夫者妻之天故也。天大而无上，故一在大上；夫虽一而大，然不如天之无上，故一不得在大上。”又例如他解“卿”字道：“卿之字从𠂎，𠂎奏也；从卩，卩止也；左从𠂎，右从卩，知进止之意（卩𠂎古节奏字）；从皀，黍稷之气也，黍稷地产，有养人之道，其皀能上达。卿虽有养人之道而上达，然地类也，故其字如此。”在字形的渊源上都是毫无根据的。但安石确信这种拆字法不独可以得到造字的本意，并且可以得到一切关于人事和天道的重要真理。后来他应用这方法，著了一部二十四卷的字典，名曰《字说》。此书也曾经神宗颁行，其后来的作用和影响与《三经新义》等。此书可惜现在已佚，但从后人所引，还可以看见它的片断。撰此书时安石已罢政，但在书中还念念不忘统一思想；书中解“同”字道：“彼亦一是非也，此亦一是非也，物之所以不同；冂一口，则是非同矣。”

以上分类略述神宗的新政见。此外还有一要项为这三类所不能包括的，即元丰三年（1080）新官制的颁行。这新官制的内容这里不能细述，大要是恢复唐代台省寺监的实权，而裁减宋朝在这组织外所加的上层机构。新制以尚书左右仆射同中书门下平章事为宰相，以尚书左右丞代替参知政事，枢密院仍保存。

六

神宗在熙宁七年以前对边境的经营，从是年三月间韩琦所上的一封奏疏可见大略。在这奏疏里，他列举神宗所为足以引起契丹疑心的凡七事："高丽臣属北方，久绝朝贡，乃因商舶诱之使来，契丹知之，必谓将以图我，一也；强取吐蕃之地，以建熙河，契丹闻之，必谓行将及我，二也；遍植榆柳于西山，冀其成长，以制蕃骑，三也；创团保，四也；河北诸州筑城凿池，五也；又置都作院，颁弓刀新式，大作战车，六也；置河北三十七将，七也。"

第二项所谓熙河，略当今甘肃洮河流域之地。此地东北邻接西夏，为羌族所分布，久属吐蕃。德安（江西）人王韶建议招降诸蕃部，抚有其地，以为图谋西夏的初步。先是，王安石子王雱十三岁时，闻陕西边卒说洮河事，以为此可以规取，若西夏得之，则国家之患无穷。至是安石力赞王韶之说。神宗便派王韶主持开熙河事。王韶于熙宁四年到边，三年之间，剿抚兼施，并击败吐蕃军，遂定其地。有一次捷书到，神宗解所佩玉带赐安石，以赏其功。其后韶入朝，以宦者李宪继之，史（《宋史·韶传》）称韶"用兵有机略。

临出师，召诸将授以指，不复更问，每战必捷。当夜卧帐中，前部遇敌，矢石已及，呼声振山谷，侍者股栗，而韶鼻息自如，人服其量”。韶因熙河功，擢枢密副使，后以与安石不协去职。

熙河抚定的次年，契丹忽然蠢动，侵入边境，并遣使来求割所据之地。上文所引韩琦的奏疏就是为此事而发的。宋与契丹往复谈判，经二年之久，至八年秋，神宗终用王安石“将欲取之必固与之”之说，割河东边地东西七百里以与契丹。

次年有交趾之役。交趾本先南汉节度州，南汉亡，名受宋册封，实自主。太宗时曾乘其内乱，遣军进取，无功而还。至是分三路入寇，陷邕、钦、廉等州，屠邕民五万八千。神宗命老将郭逵往讨，逵派别将收复失地，自领主力，攻其后路，进至富良江，交人以精兵乘船迎战，宋军砍树作炮机，发炮石如雨，尽坏敌船，又设伏邀击，杀敌数千并其王太子，交王恐惧乞降。而宋军八万冒暑行瘴地，也死亡过半。

神宗开边的第一个目标，原是西夏。自从庆历四年宋与西夏和议成后，西北的边境平静了二十余年。到英宗末年，西夏又开始寻衅。自此年至熙宁四年间（1066—1071），西夏三次入寇，宋二次反击，互有胜负。但其中熙宁四年西夏最后一次的攻侵是大获胜利的。元丰四年夏，西夏内变，国主为母后所囚。神宗认为这是进攻西夏的最好时机。经三个多月的布置，然后发动。这一役的意义，从他八月底给熙河路军帅李宪和鄜延路军帅种谔的诏书可以看出。前一封诏书里说："今来举动，不同凡敌，图人百年一国，甚非细事。苟非上下毕力，将士协心，曷以共济？须不惜爵赏，鼓励三军之气。……朝廷唯务灭贼，其他固无爱惜。"后一封诏书里说："朝廷昨于诸路大发师徒，本候齐集与逐路遣兵并力，择时鼓行，覆贼巢穴。"总之，神宗要一举荡平西夏，要把他十数年来富国强兵的成绩，作一次壮烈的表现。同知枢密院事孙固却不赞成此举，他以为"举兵易，解祸难"。神宗说："西夏有隙可乘，我不取，便为辽人所有，时机不可失。"其后孙固又对神宗说："现在五路进兵，却无总帅，即使成功，也怕有内乱。"神宗说："总帅确是难得合式的人。"知枢密院事吕公著道："既然没有合式的人，何不罢手？"九月底，河东路军帅王中正（宦者）领兵六万自麟州出发；鄜延路种谔领兵九万三千自绥德城出发；环庆路高遵裕领兵八万七千自庆州出发；泾原路刘昌祚领兵三万自泾州出发。先是，李宪已收复古兰州城，至是领本路及秦凤路军七军（数未详），并吐蕃兵三万自兰州出发，约定五路会师于兴、灵（兴州今宁夏省会，西夏首都；灵州今灵武县）。刘昌祚军首先到达灵州城下，高遵裕军继之，两军沿路皆有大捷。昌祚本受遵裕节制，而遵裕疾恶之，屡加凌侮。两军不协，围灵州城十八日不下，而饷道已断绝。夏人决水灌其营，乘其避水而追击之，宋军溃乱，死已无算，遂退。种谔沿无定河而进，连破银（今陕西米脂一带）、石（今地未详）、夏州（今陕西横山一带），自夏州继进，粮饷断绝，又遇大雪，士卒死亡十之二三，溃散南奔的亦十之四五，遂退。王中正屠宥州城（今陕西靖边东），继进，粮尽，士卒死二万人，遂退。李宪东进至泾原边境，稍有斩获，时诸路已退，亦于十一月中奉诏撤归熙河。是役，西夏的战略是坚壁清野，纵敌人深入，而聚精兵保兴、灵，以轻骑抄截敌人的饷道。是役，宋军虽不能达到原来的目的，却恢复了沦陷百余年的银、夏、宥等州。这新占领区的设防是一大问题。次年秋，经边将对这问题反复讨论后，神宗决定建筑永乐城（今陕西米脂西北）。这城才建筑成，西夏便派三十万大军来攻夺。这城依山，下临无定河。城中无泉无井，给水全靠城外。既被包围，临渴掘井，得到的水只够将领之用。兵士绞马粪汁充饮，渴死大半。而援兵和馈饷皆为敌人所阻截，城遂陷。将校死数百人，兵士和伕役死二十余万人，辎重的损失，不可计算。神宗得讯，悲愤不食，临朝痛哭。他想到吕公著和孙固的话，有点后悔了。

七

我们若更把神宗和汉武帝作一对比，则永乐之役相当于征和三年（前90）贰师之役。后者是武帝一生事业的收场，前者是神宗一生事业的收场。贰师之役后三年而武帝死，永乐之役后也恰恰三年而神宗死。神宗死后一年余，王安石亦死。

安石自熙宁三年（1070）杪进位宰相后，诋诬怨谤，矢集一身，腹背亲交，尽成政敌。似乎为减少新法的阻力计，并为劳极少休计，他于七年四月，请求解职，奏六上乃得请，归居金陵。临去，他荐吕惠卿等自代（惠卿旋擢参知政事），并答应他日可以重来。次年二月，神宗召他复位，他即兼程而至，但复位不到两年，便又坚请退休，从此不复问政。他最后告退的原因，是宋史的一个谜。据反对党的记载，那是因为他和吕惠卿起了内讧，惠卿把他的私信中有一封说过“毋使上知”的，缴呈神宗，神宗从此对他失了信任，他不得不去。安石复位后不久，便与惠卿失和，那是事实，但发私书一事，并无确据。安石与惠卿交恶的原因也是宋史的一个谜。这一段历史安石在《熙宁奏对日录》的后四十卷中原有详细的记载，但这四十卷给他的女婿蔡卞抽毁掉，不传于世。据吕惠卿家传（李焘引），二人的冲突是由于安石恶惠卿擅政，改了他所定的《三经新义》，并听信了左右的谗间。这当然只是一面之辞。至于安石引退的原因，我们在加以推测时，不可忘却此事前三个月他所受的一生最大的打击：他的独子王雱的英年（卅三）摧折。这时他已五十六岁了。他退休后隐居金陵十年而死。

自古英雄亦苦辛！行藏端欲付何人？
当时黯黮犹承误，末学纷纭更乱真。
糟粕所存非粹美，丹青难写是精神。
区区不尽高贤意，独守千秋纸上尘。

从安石这首诗看来，他身后的遭遇，自己是预料到的。

安石死迟神宗一年余是他的大不幸。神宗死后，长子（即哲宗）继位，年才十岁，太皇太后（英宗后高氏）垂帘听政。她一向是司马光的同志，认祖宗家法为神圣不可侵犯的。她一听政，便开始废除新法，旋起用司马光。一个被宫墙圈禁了五十年的老妇人（她是自幼养在宫中的）和一个被成见圈禁了二十年的老绅士，同心合力，挥着政治的锄头，期年之间，便把神宗和安石辛苦营构的成绩芟除得根株尽绝。

（原载《思想与时代》第5、6期，1941年12月、1942年1月）

第三章　宋代的文学与思想

荫麟先生于三十年冬撰此文，后以鼻出血而中辍。仅成《北宋四子生活》一节，思想部分尚付缺如。再者，先生于《中国史纲》宋史部分，拟作五章：（一）宋朝的开国和开国规模；（二）北宋的外患与变法；（三）宋代的文学与思想；（四）女真的兴起与宋金的和战；（五）蒙古的兴起与金宋的覆灭。一、二两章已载本刊四、五两期。本文当为第三章之初稿耳。编者识

予近撰《宋代思想的主潮和代表的思想家》一文，分三大段：（一）北宋四子；（二）王荆公及其“新学”；（三）朱陆与南宋道学。将于本刊陆续布之，此其第一段也。作者识

（一）北宋四子之生活与思想

像千邱万壑间忽有崛起的高峰，像蓬蒿萧艾间忽有惊眼的异卉，在思想史里每每经长久的沉闷、因袭和琐碎后，继以一生气蓬勃、光彩焕发的短短时期，在其间陶铸出种种新学说，支配此后几百年以至过千年的思想界。宋代自仁宗庆历（1041）以后的四五十年就是这样的一个时代。这是周濂溪（敦颐）、张横渠（载）、王荆公（安石）、程明道（颢）和程伊川（颐）的时代。（诸人以年辈为次，周、张、王皆长二程十岁以上。）此以前，宋人的思想大体上继续唐末五代的沉闷、因袭和琐碎；此以后，至宋朝之终，以王荆公为偶像的“新学”，和以周张二程为典型的“道学”，相继支配着思想界。故庆历以后的四五十年，一方面是宋代思想的源头，一方面也是宋代思想史的骨干。我们述这个时期的思想应当以周张和二程兄弟——可称北宋四子——为一集团，而以王荆公为一支别出的异军。

北宋四子不独在思想上有许多同调之处，在生活上亦有密切的连系。二程兄弟少时曾从学于濂溪，而横渠乃是二程的表叔，与二程为学友。我们叙述四子和以后的道学家的思想，不能离开他们的生活，因为他们的中心问题是一个实践的问题：什么是圣人？怎样做到圣人？我们要从他们的生活中体会他们的理想人格的气象。

濂溪（1018—1073）的事迹见于记录的，像他的著作一般简短得可憾。他是湖南道州（营道县）人，年少丧父，以母舅的荫泽出身，历官州县，官至广东转运判官，兼提点广东路刑狱。当他二十来岁，任分宁县主簿时，有一久悬不决的疑狱，他经一次审讯，便立即分辨。任南安司理参军时，因平反一冤狱，和上官力争，上官不听，他放下手版，缴还官状，脱身便走。他道："这样的官还做得的吗？杀人媚人，我办不到。"上官卒被他感悟。任南昌知县时，曾得大病，一昼夜不省人事，友人为他预备后事，检视他的所有，只一破烂的箱子，里面钱不满一百。同时大诗人黄山谷形容他的性格道："胸怀洒落，如光风霁月；廉于取名，而锐于求志；薄于徼福，而厚于得民；菲于奉身，而燕及茕嫠；陋于希世，而尚友千古。"他爱自然，他对生命的世界好像有一种冥契。他窗前的草从不准剪除，问他为什么，他说："这与自家意思一般。"他教学生，每令"寻孔颜乐处"，体认他们"所乐何事"。有一位老者初时跟伊川问学，总不领悟，便扶杖去访濂溪。濂溪说："我老了，说得不可不详细。"便留他对床夜话。过了三天，他忽觉恍有所得，自言如顿见天的广大。他再去洛阳看伊川，伊川惊讶他迥异寻常，问道：“你莫不是从濂溪那里来吗？”

横渠（1020—1077）也像濂溪一般，少年丧父，孑然自立。他学无所不窥，特别好讲究军事。年十八，当西夏用兵时，上书谒范仲淹。仲淹一见，认为大器，却戒责他道：“儒者自有名教的乐地，何用谈兵。”并劝他读《中庸》，他读了觉得不满足，转而向佛典里探讨，用功多年，深通其说，却又觉得不满足，终于回到儒家的经典。年三十八，登进士第，始出仕。尝知云岩县，以教导人民、改善风俗为务，每月分别召宴县中长老，亲自劝酒，让人民知道养老敬长的道理，同时向他们访问民间疾苦，并告诉他们怎样训诫子弟。通常县官的布告，人民大多数不闻不知，只成一纸具文。横渠常把各处的乡长召来，把告示的意思对他们谆谆解说，命他们回去街坊里传达。每逢在公庭上，或道路上遇到人民，便考察他们是否听到他所要传达的布告，若没有听到便责罚受命传达的人。因此他每有所告诫，全县人民无不知悉。尝任渭州军事判官，于本州的民食和军政都有很精明的规划。神宗初年，因大臣的推荐，入仕朝廷，官至崇文院校书兼同知太常礼院。神宗很赏识他，想加重用，但他不附新法，终于告退，归隐于陕西郿县的故乡，教学终老。

明道（1032—1085）和伊川（1033—1107）虽是大家所认为志同道合的两兄弟，但他们在思想上却有若干重大的差别，而他们的异致在事业上性格上，比在思想上更为显著。在事业上，明道是少年科第（与横渠同榜登进士第）的循吏；而伊川则一次落第，便不再应试，晚岁始以布衣征起（哲宗元祐元年〈1086〉，时年五十四），为崇政殿说书。明道的仕历是三十年受尽讴歌赞叹的、不可胜述的睿断和仁政。这里只举几个例：他知晋城县时，有一个富人，丧父不久，忽有老人到门自认为是他的父亲，两人闹到县府。那老人说，他行医远出后，其妻生子，贫不育养，抱给张家。他现在归来，始知道此事。明道问他有什么凭据，他拿出一部陈旧的方书，后面空白上记着：某年月日，某人抱儿与“张三翁”。明道便问那姓张的：你今年几岁？答道：卅六。又问：你父亲死时几岁？答道：七十六。明道便对老人说：他方才所说的年岁，有邻舍可问的。他出世的时候，他父亲才四十岁，怎么便叫张三翁？那方书上写的是假无疑。老人给吓了一跳，无话可答，只得认罪。他在晋城任内，用保甲法部勒乡村，令同保的人民力役相助，患难相救。凡孤寡残废的人，责成他们的亲戚乡邻不使失所。旅行经过县境的人，遇着疾病，都有给养。每乡设立小学，时常亲去视察。教师有不良的，便给撤换，儿童句读有错，也给改正。令乡民结为会社，并给各会社立定奖善诫恶的规条。在任三年，县内从没有强盗或斗死的事件。临到他任满时，忽然半夜有人叩门，说出了命案。他说：本县那里会有这种事？若有，必定是某村某人干的。查问果然。他任镇宁军判官时，有一位声势煊赫的宦官，方督理治河。本军的兵卒八百人，被派去工作，天气严寒，他们受不了虐待，半夜逃归。同僚和长官都惧怕那宦官，主张不放入城。明道说：他们逃死而归，不纳必乱。亲自去给兵士开城门，却与他们约定，休息三日再去工作，兵士欢呼听命。以上是明道无数精彩的政绩中的片断。

伊川仕历最精彩的一幕，却是短短年余的、很不愉快的口舌生涯。当他从布衣一跃到“帝王师”时，他要求在皇帝面前坐着讲书，满朝哗然，他只得照例站着讲。那孩童皇帝偶然高兴，在槛外折一柳枝玩玩，他便板着面孔说：“方春万物发生，不可无故摧折。”惹得皇帝、太后和满朝大臣都皱眉。司马光死了，适值明堂大礼，行完礼后，同僚齐去吊唁。伊川认为不对，坚执力争，引《论语》“子于是日哭则不歌”为理由。苏东坡道：《论语》却并未说“子于是日歌则不哭”呀！伊川却传语丧家，不得受他们吊。有名会开玩笑的苏东坡便给他取个绰号，叫作“鏖糟陂里的叔孙通”。再后那孩童皇帝生了病，不能坐朝，伊川忙去见宰相说：皇帝不能坐朝，太后就不该单独坐朝。这一来太后忍无可忍，谏官乘机参了一本，他便以管勾西京国子监名义，被送回老家去。从上面二程事业的比较，已不难推想他们性格的一斑。

关于明道的精神生活，他的一个学生有一段很好的描写。他说：“先生……粹和之气盎于面背，乐易多恕，终日怡悦……从先生三十年，未尝见其忿厉之容。接人温然，无贤不肖皆使之款曲自尽。闻人一善，咨嗟奖劳惟恐不笃；人有不及，开导诱掖惟恐不至。故虽桀傲不恭，见先生莫不感悦而化服。风格高迈，不事标饰，而自有畦畛，望其容色，听其言教，则放心邪气，不复萌于胸中。”另一个学生有一次离别了明道之后，人问他从什么地方来，他说：“我在春风和气中坐了三个月而来。”明道在熙宁以前，和王荆公本相友好，后来虽因新法和荆公分道，但只平心静气，相与讨论，劝荆公不要太过拂逆人心，从没有意气之争。荆公亦感其诚意，对人说：“他虽不闻道，亦忠信人也。”后来他追论新旧之争，亦很公允，他说：“新政之改，亦是吾党争之太过。成就今日之事，涂炭天下，亦须两分其罪可也。”又说：“以今日之患观之，犹是自家不善从容，至如青苗，放过又且何妨？”论广厚宽和，伊川远不似乃兄，这从记载所存几件对照的琐事可以看出。二程少时尝随父远行，宿一僧寺。明道入门右转，仆从都跟随着他；伊川入门左转，无一人跟随。伊川也自觉道："这是我不及家兄处。"又一次，二程同入一佛寺，明道见僧一揖，伊川却不。门人怀疑，明道说："论年齿他也比我多几岁，一揖何妨？"明道讲书，偶带谐谑，引得大家哄堂，伊川则永远严肃得可怕。门人讨论，遇有不合，明道只说："更有商量。"伊川直说："不对。"明道也曾对乃弟说过："异日能使人尊严师道，那是吾弟之功。至于接引后学，随人才的高下而成就之，则我不让吾弟。"横渠批评二程道："昔尝谓伯淳（明道）优于正叔（伊川），今见之果然。其（明道）救世之志甚诚切，亦于今日天下之事尽记得熟。"

（原载《思想与时代》第27期，1943年10月）

附一　宋儒太极说之转变

今言宋儒太极说，断自周濂溪始。至彼之太极说中何者为因袭之成分，何者为新创之成分，姑置不问。

濂溪之言太极，具于所著《太极图说》及《通书·动静章》。二书皆经朱子注释，现行诸本悉附朱注。余往读朱注本《图说》，展卷辄苦茫昧。近日思之，《图说》之所以难解者，囿于朱注也，何不效崔东壁读经之法，撇开朱注，直玩本文？如是为之，辄悟濂溪此处所讲者，只是粗糙之物理学，如希腊苏格拉底前爱奥尼亚派哲学之所讲者而已。其中并无理气之区分，亦绝无形而上学之意味。谓余不信，请读《图说》本文：

> 无极而太极。太极动而生阳，动极而静，静而生阴，静极复动。一动一静，互为其根。分阴分阳，两仪

立焉。阳变阴合，而生水火木金土。五气顺布，四时行焉。五行，一阴阳也。阴阳，一太极也。太极，本无极也。（《通书·动静章》云："水阴根阳，火阳根阴。五行阴阳，阴阳太极。四时运行，万物终始。混兮辟兮，其无穷兮。"可与《图说》参看。）

吾人若将所受于朱子之成见，悉加屏除，则知此处所谓太极者，只是万物之最后的原素，二气五行之所从出，而亦其所由以构成者而已。就其最原始，最究竟，而不可更推溯言，故谓之太极。就其浑一而无形状，无畛域，无质碍言，故谓之无极。太极与阴阳、五行、四时万物，乃是连续之四阶段，而非对立之两种存在（Being），如朱子之所谓理与气也。

濂溪在《通书》中又言及所谓"神"者，其言曰：

动而无静，静而无动，物也。动而无动，静而无静，神也。动而无动，静而无静，非不动不静也。物则不通，神妙万物。

或以《通书》中神之动静释《图说》中太极之动静，而认为神即太极。是说也，予不谓然。窃意濂溪所谓太极相当于World Stuff（世界原料），而其所谓神则相当于World Spirit（世界精神）。后一义观于程明道对神之解释而益显。其言曰：

冬寒夏暑，阴阳也。所以运动变化者，神也。天地只是设位。易行乎其中者，神也。

气外无神，神外无气。或者谓清者为神，则浊者非神乎？（以上并见《程氏遗书》十一）

“气外无神，神外无气”，何其与朱子“理外无气，气外无理”之言之相似也。然濂溪与程明道皆不谓神为理，或太极为理。

以太极为理者，在宋儒中殆始于李延平（见《延平答问》）而朱子述之。夫异于濂溪，以太极名理，无害也。惟以此义还释《图说》，则困难立生。盖理，就其本身之定义，不可以动静言。而若以理释《图说》中之太极，则势须言理有动静。濂溪不言太极为理，谓其动静可也。朱子言太极为理，谓其动静不可也。（或谓《通书》有一章以理性命标题，文云：“厥彰厥微，匪灵弗莹。刚善刚恶，柔亦如之，中焉止矣。二气五行，化生万物。五殊二实，二本则一。是万为一，一实万分。万一各正，小大有定。”所谓一即太极，文中不言理，而标题言之，暗示太极为理也，不知朱子已言“周子此章其首四句言性，次八句言命”，甚是。则周子不见得暗示一之为理。以一为理者，朱子之解释耳。）此之困难，朱子门徒，亦尝指问。而朱子之答复虽或能塞其门徒之口，实不能餍吾人之心。所问所答，具载《朱子语类》，今请验之。

> 问：太极图曰无极。窃谓无者盖无气而有理。然理无形，故卓焉而常有。气有象，故阖开敛散而不一。图又曰太极动而生阳，静而生阴。不知太极理也。有形则有动静，太极无形，恐不可以动静言。
>
> （答）曰：理有动静，故气有动静。若理无动静，则气何自而有动静乎？且以目前论之，仁便是动，义便是静，又何关于气乎？

按朱子于此盖混“动静之理”与“理之动静”为一谈，而二者大相径庭也。有动静之理，而动静之理本身无所谓动静也。仁之理中有动之理而仁不动也，义仿此。谓有动静之理，故气有动静，可也；谓理有动静之态，故气有动静，不可也。门人所疑者理不能有动静之态，而朱子解以动静之理不能无，真所谓驴唇不对马嘴也。

朱子言太极之动静别有一义。《语类》载：

> 问："太极者本然之妙，动静者所乘之机。"（按此语朱子常言之。）大极只是理，理不可以动静言。惟动而生阳，静而生阴。理寓于气，不能无动静。所乘之机，乘如乘载之乘。其动静者，乃乘载在气上，不觉动了静，静了又动。先生曰然。

又，

> 先生云："动静者所乘之机。"蔡季通谓此语最精。盖太极是理，形而上者。阴阳是气，形而下者。然理无形，气有迹。气既有动静，则所载之理安得谓之无动静？

夫理之载于气，岂如人之载于舟车，能随之而俱动？谓某人慧，某人动而慧不动也；谓某人贤，某人动而贤不动也。质性有然，而况于理乎？且太极（总一切理）与气即全宇宙。谓太极与气动，是谓全宇宙动也，而全宇宙不能动者。盖凡动必有所自有所之。全宇宙既包全空间，复何所自，何所之，复何能动?

凡上所言，非断断与朱子辨是非也。但以见朱子之太极观念，持释《图说》中若极实不可通，因以明二者之殊异耳。盖朱子于理气，自有所见，而强附《图说》以行，转为《图说》所拘，而陷于谬误，则甚矣经学之不可为也。

或问朱子与濂溪，时世甚近，且师说相承，以朱子述濂溪，何以能违牾若是？曰：濂溪之《图说》，盖在其所“罕言”之列。史称濂溪作太极图，独手授二程，他人莫得而闻（《度正年谱》）。然二程遗文及语录中，绝不见太极之说，则濂溪曾以太极之绪论传于二程与否，尚未可必。朱子玩索于百余年后，既先有所见，而其理论的与传遗的兴趣又远过于其历史的兴趣，其不得濂溪真意，无足怪也。

（原载《新动向》第1卷第2期，1938年1月）

附二　关于朱熹太极说之讨论

我读了上面贺君的文章（编按：指贺麟所作《与张荫麟先生辩太极说之转变》一文），不禁发生了一个问题：朱子的第一太极说（即“总天地万物之理”的太极）和他的第二种太极说（即“须以心为主而论”的太极）是否打成两橛，而不能贯通的？当他主张第二种太极说时，是否放弃了第一种太极说？贺君没有把这两说的关系说明，很容易使读者误会朱子曾经改变了他的太极说，或至少曾有两种不能贯通的太极说。我想这样或者不是贺君的本意。据我看来，这两说只是一说。何以言之？

朱子一方面认宇宙为一整个的有机体，支配这有机体的生成和一切活动总原理便是“太极”。所以说“盖天地间只有动静两端循环不已，更无余事，此之谓‘易’。而其动其静，则必有所以动静之理焉，是则所谓‘太极’者也”。（《文集》卷二《答杨子直》）这太极是“浑然全体”，“不可以文字言，但其中含具万理”。（《文集》卷七《答陈器之》）从这方面看来，他的太极和黑格尔的“绝对观念”很有点相像。但黑格尔以为这“绝对观念的实现”是“绝对的我”，这大“我”的本体，只是心，只是精神。而朱子的太极只是抽象的法则，永远寓于“气”之中。“理又非别为一物，即存乎是气之中，无是气则理亦无挂搭处。”（《语类》卷一）气是什么？就是构成“金木水火土”的原料，是形而下的，是有体质可捉摸的。朱子有时说理具于心中，这并不与理寓于气之说冲突，因为朱子所谓“心”，并不是西洋哲学史上与“物”相对抗的“心”，只是气之清轻而为理所寓者而已。这与希腊Democritus以心为精细的原子之说很相像。心的作用只是理气结合的作用（其说详后），心是气的一部分，心内是气，心外是气，说理具于心，只是说理具于气而已。这是朱子与黑格尔不同的第一点。黑格尔以为宇宙的全部历史是“绝对观念”的展现。这“绝对观念”具于宇宙历史全部，而不具于其一部分。朱子却不然，他一方面认太极为整个宇宙的原理，一方面又认太极为宇宙任何部分的原理。他一方面以为太极具整个的宇宙之中，一方面又以为太极具于宇宙之任何部分之中。所以说“太极是天地万物之理。在天地言，则天地中有太极；在万物言，则万物中各有太极。”（《语类》卷一页一）这里说天地是包括全宇宙（宋明儒书中天地二字大都为此用），万物是指宇宙各部分言。宇宙各部分的太极，或“理”，是相同的。故此说“大抵天地间只一理，随其到处分出许多名字来”（《语类》卷一页四五），又说“人物之生天赋，以此理未尝不同”（同上页二八）。除部分以外无全体，除宇宙各部分的理以外，无宇宙的总原理。既然宇宙各部分的原理，即太极，是同一的，则宇宙各部分的太极便是全宇宙的太极。于是发生一个问题了；既然理是唯一的，而一切物都同赋有此理，何以万物却纷纭互异，并且有相差得很远的呢？朱子解答道，万物之相异，（一）由于万物所受的“气”，性质上有“清浊纯驳”之不同，而理受气的性质的影响。好比同一“日月之光”，若在露地则尽见之，若在蔀屋之下有所遮蔽，“有见有不见”。又好比同是清水，“倾放在白碗中是一般色，乃放在黑碗中又是一般色，放青碗中又是一般色”。（二）由于所受的气，度量上有大小之不同，因而所赋的“理”有程度上之差异。“如一江水（理）你将勺去取，只得一勺，将碗去取，只得一碗，至于一桶一缸各自随器量不同。”同一的理因为在不同的“气”分中而表现不同，故此从万物之既然上看来，好像有无数理的。故此说：

“物物具一太极。”（《语类》卷一页二七）

“惟其理有许多，故物有许多。”（同上，卷三页二三）

“论万物之一原则，理同而气异，观万物之异体，则气犹相近而理绝不同。”问“理同而气异”。曰：“此一句是说方付与万物之初，以其天命流行，只是一般，故理同。以其二五之气有清浊纯驳，故气异。下句是就万物已得之后说，以其虽有清浊之不同而同此二五之气，故气相近。以其昏明开塞之甚远，故理绝不同。”（同上，卷一页二六）

要之，同者是理之原本，不同者是理之表现。朱子书中言理，或指理之原本，或指理之表现，读者宜分别观之。

既然“总天地万物之理”具于一物，而心只是一物，那么“总天地万物之理”的太极说，与“须以心为主而论”的太极说自然可以贯通了。我们且仔细考察朱子所谓“心”是什么？

“心者一身之主宰。意者心之所发，情者心之所动，志者心之所之。”（《语类》卷一页四二）

“有心必有思虑，有营为。”（同上页三）

以上言心之用。

“天道流行，发育万物，有理而后有气，虽是一时都有，毕竟以理为主，人得之以有生。气之清者为气，浊者为质。知觉运动，阳为之也，形体，阴为之也。气曰魂，体曰魄。高诱《淮南子》注曰‘魂者阳之神，魄者阴之神’。所谓神者，以其主乎形气也。”（同上页十四）

“人之所以生，理与气合而已。……凡人能言语动作、思虑营为，皆气也，而理存焉。”（同上页三十一）

问：“知觉是心之灵，固如此，抑气之为耶？”曰：“不专是气，是先有知觉之理。理未知觉，气聚成形。理与气合便能知觉，譬如这烛火是因得这脂膏便有许多光焰。”（同上页四十）

以上言心之体。

合观上引各则，可知朱子所谓“心”，不过一种理与气（这气似当是较清的气，是“阳”）之结合，其作用为思虑营为，主宰乎身。只是理不成其为心，只是气也不成其为心。理不能离气而独存，气也不能离理而独立。人人的心所具的理，或太极，都相同。理之在人心者谓之性。这性就是太极浑然之体，本不可以名言，当其未与外物感接，未发动时，寂然无形象可见。但其中含具万理，与外物感接时便表现出来。“纲理之大者有四，故命之曰仁、义、礼、智……端虽有四……然仁实贯乎四者之中……仁者仁之本体，礼者仁之节文，义者仁之断制，智者仁之分别。”（《文集》卷七《答杨器之》）故人性的要素可以用一仁字包括。性虽尽人而同，但禀气的清浊，则因人而异。气禀可以影响于性。气愈清，则性愈明晰，而其实现之阻力愈少，故趋于善。气愈浊，则性愈晦，而其实现之阻力愈大，故趋于恶。我这里用两个“趋”字，读者要特别注意。如因人的善恶是由气禀断定的，还用得着什么修养？朱子因为要保存修养的重要，故此不能不避免唯物的命定论，而主张：

（一）虽因气禀之清浊而性有明暗，而暗者可使其明。“人之性论明暗，物之性只是偏塞，暗者可使之明，已偏塞者不可使之通也。”（《语类》卷一页二六）

（二）心本来有被外物引诱而趋于恶的可能。“此心不操即舍，不出即入，别无闲处可安顿。”（《文集》卷二《答游诚之》）

涵养用敬的目的，只是屏绝外物的引诱，拨开气质的遮蔽，使性得充分的实现，使“天理流行”。使心与外界感接时，“发而皆中节”。这具仁义礼智四端的性，不独是人心的太极，并且是一切物的太极，是“总天地万物之理”。个人能复性，能使性得充分的实现（full realization），便使个人的目的与宇宙的目的合一，便“上下与天地同流”。这便是朱子安身的地方，这便是朱子的宗教。

（原载《国闻周报》第7卷第50期，1930年12月22日，署名“素痴”）

附三　陆象山的生平

一

从来胆大胸膈宽，
虎豹亿万虬龙千，
从头收拾一口吞。
有时此辈未妥帖，
哮吼大嚼无毫全。
朝饮渤海水，
暮宿昆仑巅；
连山以为琴，
长河为之弦，
万古不传音，
吾当为君宣。

除非心灵极端麻木的人，读了这首诗，没有不生振奋之感的。这里恢奇壮丽的意象和奔放而转幽永的韵节，活状出一种雄迈哲智的人格的气象。这种人格，也许就是代表中国文化精神的最伟大的人格。

这首诗是南宋一个十七岁少年作的。他后来成了六七百年间我国思想界两大主潮之一的领导者。这是他少年时立志的宣言，也是他精神的自传。

这少年姓陆，名九渊，字子静。他生长于江南西路（即今江西省）金溪县里一个颇为富裕的大家庭。他兄弟六人中，除二兄经营药铺供给家用外，其余都是读书应试、讲学著书，知名于世的。兄弟自相师友，一门雍睦，为乡里羡慕。五兄九龄在诸兄中成就尤大，与九渊齐名，称“江西二陆”。九龄学识的超越世俗，从一件事可以窥见；他平时在家，有暇便领子弟到场圃习射，说这是男子应有之事。乡里中因此不敢鄙视武技，九渊在他的行状里载：

> 某年夏，湖之南有寇，侵轶将及郡境。先是，建炎寇之至，先生族子谔尝起义应募，是后寇攘相次犯州境，谔皆被檄保聚捍御，往往能却敌，州里赖焉。至

是谔已死，旧部伍愿先生主之，以请于郡。时先生适在信之铅山，闻警报，亟归抵家……与兄弟门人论所以宜从之义甚悉。会郡符已下，先生将许之。或者不悦，谓先生曰：“先生海内儒宗，蹈履规矩，讲授经术，一旦乃欲为武夫所为？……卫灵公问阵于孔子，孔子不答。今先生欲身为之乎？”先生曰：“男子生（悬）以弧矢，长不能射则辞以疾。文事武备，初不可析。古者有征讨，公卿即与将帅。比闾之长，则五两（两乃古代军队的一种编制）之长也。卫灵公家国无道，三纲将沦，既见夫子，非哲人是尊，社稷是计，而猥至问阵，其颠荒甚矣，故夫子答以俎豆而遂行。夹谷之会，三都之堕，讨齐之请，夫子岂不知兵者？”……先生于是始报郡符，许之。已而调度有方，备御有实，寇虽不至，而郡县倚以为重。

九渊一生受九龄的影响不少。

九渊十七岁，正当宋高宗（南宋第一个君主）绍兴二十五年（1155），亦即秦桧逝世之年，距金人之攻陷汴京，徽、钦二帝之被携北徙，才三十年，距秦桧所主持的，割河为界、称臣纳贡的和约，才十六年。人民所遭暴敌的屠戮，衣冠所遭暴敌的凌践，文物所遭暴敌的劫掠摧残，同时将吏的弃职逃责，降志辱身，士大夫的仓皇奔窜，苟且偷生——这一切还历历在父老的记忆中。前一年，九渊读史读到晋代五胡乱华的故事，联想起当前国家的耻辱，生活立刻起了一大变化。他把修长的指甲剪掉，把阔袖长裙的儒服换掉，日日挟弓跨马，学习骑射。他对于信念的认真，正如他对于容止举动的认真一样。他自五六岁以来受人夸奖的特点，是坐立雍容、衣冠端整、履有弊而无坏、读书纸角无卷折、足迹不到庖厨，等等。

他少年读书治学，有两种异众的趋向，可以注意。第一是喜疑问，有主见。他四五岁便问“天地何所穷际”，思想到废食忘寝。当时读书人都对《论语》里所记孔子弟子的话和孔子的话一样尊重的，但他初读《论语》，便觉得“夫子（孔子）之言易简，有子（孔子的弟子）之言支离。”当时程伊川（名颐，北宋大儒）的教说风靡一世，他却觉得伊川的话和孔子、孟子的话不相像。听人读伊川的话便觉得好像伤了他。第二是重实践。他自述道：“吾家合族而食，每轮差子弟掌库二年。某适当其职，所学大进，这才是‘执事敬’。”[①]他把日常生活事务的处理、“人情事势”的体会和圣经贤传的考究，看得有同等的重要。他耻作空言浮想，而自己不能实行。

①《论语》：“居处恭，执事敬，与人忠。虽之夷狄，不可弃也。”

所以他认为国仇当复，国耻当雪，便亲习骑射。

当时一般士人的最大希望是仕宦显达，而科举试场上的成败决定一个人的政治命运。所以对于一般士人，读书只是预备考试，但九渊对科举很冷淡，到了二十四岁的一年，因为先辈的勉促，才开始去应乡试。在应试前三个月，才始作科场的预备工夫。在这次和以后所有各次的考试中，他只直写胸中所见，从不肯揣摩风气，迎合试官的心理。但他初次应考就取中了。捷报到时，他正在四兄家里弹琴。他等弹完了一曲，才问来人，接着再弹一曲，然后回家。乡试取中后不久，九渊即遭父丧，不能入京会试。（宋制：乡举不具一种资格。如乡试取中后不能会试，或会试不售，须再赴乡试。）过了九年，始再捷乡试，次年始中进士。此后十五年中，他大部分时间是闲居讲学，但也有时从政。他历官县主簿、国子正（即当时唯一国立大学的教授）、敕令所删定官，及将作监（中央政府里管营造事务的机关）丞（即副长官），终被人排挤免职。他在官时，始终不忘少年为国复仇之志，时常访求智勇之士，和他们讲究武事利病和形势要害。但在这十五年间，他没有得到施展怀抱的机会。自监丞免职后，便决志归隐故乡，讲学传道。这时他已四十八岁了。

二

在金溪县邻近的贵溪县，离有名的龙虎山（张天师所居）不远有一座山，俗名禅师山，九渊的描写如下：

> 山形宛然巨象。……山面东南，叠嶂骈罗，近者数十里，远者数百里，缥缈磊落，争奇竞秀，飞舞于檐间。朝暮雨旸、云烟出没之变，不可穷极。上憩层巅，东望灵山，龟峰特起如画。玉山之水盖四百里而出于龟峰之下，略贵溪以经蕴山之左。西望藐姑、石鼓、琵琶群峰，嶒崪逼人，从天而下。溪之源于光泽（地名）者，萦行泓澄，间见山丽如青玉版。北视龙虎、仙岩、台山，仅如培塿。东西二溪，窈窕如带。二溪合处，百里而近，地势卑下夷旷，非甚清澈，目不能辨，常没于苍茫烟霭中矣。下沿清流，石涧曲折，分合万状，悬注数里，苍林荫翳，巨石错落。

这就是九渊晚年讲学之所。他不喜禅师山之名，改称为象山，并自号象山居士。学者因称他为象山先生。

九渊自举进士后已开始讲学。他是一个典型的教育家。他的学识、声望和人格的“磁力”，到处吸着一班青年跟绕着他。每凭一席话使他人心悦诚服，北面称弟子；每凭一席话决定他人一生的趋向。有一个强梁的少年名李云者，尝欲率五百人打劫起事，一日往见九渊，经他一番劝诲，便翻然而改，后来在家里立着九渊的牌位来供奉。他自京师解职归乡后，从游的人更众盛，乡间的长老也俯首听诲。每入县城，围着他听讲的常二三百人，房子容不下，便迁到寺观里。县官给他在学宫（即孔子庙堂）里设讲席，往听的贵贱老少，充塞街巷。

关于他在象山讲学的情形，他的弟子冯元质有一段很好的记载如下：

> 先生当居方丈。每旦，精舍鸣鼓，则乘山簥至。会揖，升讲坐，容色粹然，精神炯然。学者以一小牌书姓名年甲，以序揭之，观此以坐，少亦不下数十百，齐肃无哗。首诲以收敛精神，涵养德性，虚心听讲。诸生皆俯首拱听，非徒讲经，每启发人之本心也。间举经语为证。音吐清响，听者无不感动兴起。初见者或欲质疑，或欲致辩，或以学自负，或有立崖岸自高者，闻诲之后，多自屈服，不敢复发。其有欲言而不能自达者，则代为之说，宛

如其欲言，乃从而开发之。至有片言只语可取，必奖进之，故人皆感激奋砺。平居或观书，或抚琴，佳天气则徐步观瀑。至高诵经训，歌楚词及古诗文，雍容自适。虽盛暑，衣冠必整肃，望之如神。诸生登方丈请诲，和气可掬，随其人有所开发，或教以涵养，或晓以读书之方，未尝及闲话，亦未尝令看先儒语录。每讲说痛快，则顾傅季鲁曰："岂不快哉！"季鲁齿最少，坐必末。尝挂一座于侧间，令代说。时有少之者，先生曰："季鲁英才也。"

九渊大率二月发山，九月末归家，中间亦往来。定居象山凡五年，据他的登记簿，来者不逾数千人。

三

光宗绍熙二年（1191），九渊五十三岁。先两年，孝宗死，光宗继位，新执政闻九渊名，保荐他知荆门军（军是宋朝地方行政的一种区域，大抵包括两三县）。是年秋，九渊始离象山赴任。在任才一年零三个月，便得病而死。但从他在荆门这短短时间的政绩看来，他假使不早死，在政治上定有很伟大的建树。

他在荆门的治绩，举其大者，可分三项来说：

（一）教化。旧例太守见客受诉，分日限时，悬牌揭示。他一到就把这种架子废除，使僚属可随时入见，人民可随时入诉，使僚属、人民觉得他易于亲近。他号僚属如朋友，推心敬接，论事惟理是从，不用威压。他在家书里说：“每一同官禀事，众有所见，皆得展其所怀，辨争利害于前，太守唯默听，俟其是非既明，乃从赞叹，以养其徇公之意。太守所判，僚属却回者常有之。”他教民如子弟，虽贱役走卒，亦晓以理义。遇有涉及伦常的诉讼，判决之后，每令原告人把讼词毁掉，以厚风俗。每朔望及假日，必到郡学里给学生训诲。旧例正月十五日太守在郡衙里建醮设斋，为人民祈福，他把这迷俗革除，于是日会集吏民，讲《书经·洪范》一章，发明做人的道理，可代替醮事。他的立身既足以为人表率，他的政令又足以使人悦服，加以他勤恳教说，故期年之间，居然收到移风易俗的效果。到后来，刑清狱减，贼盗绝迹，诉状每月不过两三纸。狱卒无以为生，纷纷请退，公家特别给他们薪水才止（平常狱卒是没有薪水的）。人民相保相爱，闾里熙熙。吏卒亦能相勉以善，视官事如自己家事，大家有“穷快活”之说。

（二）武备。荆门的地方，在江汉之间，北接襄阳，南接江陵，为自古战争之场，金人南侵必经之地，在当时本为“次边”。其地四面有山围着，历来恃以为险，没有城垣。九渊一到任，使创议筑城，以固边防，亲自劝督工役，二十日便筑完。初时估工的预算要费钱二十万贯，结果才费三万贯。是时湖北的地方军，形同虚设，兵士多逃亡，视官府如旅舍，不可禁止；其残留的，平素又无训练。九渊加重逃窜的刑罚，并且准给捕获的赏金；又时常会集较射，射中的受赏；每派兵士做工役，必加给工值。因此他们无饥寒之忧，得专心弓矢。从此兵士逃亡的绝少。后来朝廷的兵官来检阅，只有荆门的军队整饬振作，名副其实。较射时，不独兵士可以参加，人民也可以参加；人民射中的与兵士一样受赏。这是九渊鼓动“民众武装”的妙法。

（三）治狱。据他的门弟子杨简所记：“（先生）接宾受词无早暮，下情尽达无壅。故郡境之内，官吏之贪廉，民俗之习尚，忠良材武，与猾吏暴强，先生皆得之于无事之日。往时郡有追逮，皆特遣人，先生唯令诉者自执状以追，以地近远立限，皆如期，即日处决，轻罪多酌人情，晓令解释（和解）。……唯怙终不可诲化，乃始断治，详其文状，以防后日反复。久之民情尽孚，两造有不持状，唯对辩求决。亦有证（被告）者不召自至，问其故，曰事久不白，共约求明。或既伏，俾各持其状去，不复留案。尝夜与僚属坐，吏白有老者诉甚急，呼问之，体战，言不可解。俾吏状之，谓其子为群卒所杀。先生判‘翌日呈’（谓翌日交出其子也）。僚属难之。先生曰：‘子安知不至是？’凌晨追究其子，盖无恙也。人益服先生之明。有诉遭窃脱而不知其人，先生自出二人姓名，使捕至，讯之，伏辜，尽得所窃物还诉者，且宥其罪，使自新。因语吏曰：‘某所某人尤暴。’吏亦莫知。翌日有诉遭夺掠者，即其人也，乃加追治。吏大惊，郡人以为神。”

此外税收积弊的改革，和重修郡学、贡院、客馆、置医院等建设都是他政绩上的项目，以其事比较繁琐，这里不必详叙。

以上只说九渊性格和事业的大概。至于他的思想，当另为文详事之。

［原载《中国青年》（重庆）第1卷第2号，1939年8月20日］

附四　陆学发微

《象山语录》中，有一段最足显示朱、陆之异趣，吾人若紧握之而穷究其义蕴，则陆学之要领得焉。《语录》（上，本集三十四）载：

> 先生曰："……致知在格物，格物是下手处。"
>
> 伯敏云："如何格物？"
>
> 先生曰："研究物理。"
>
> 伯敏曰："天下万物不胜其繁，如何尽研究得？"

末一问题，朱子在补《大学》文中恰曾作过解答曰：

> 即凡天下之物，莫不因其已知之理而益穷之，以求至乎其极。至于用力之久，而一旦豁然贯通焉，则众物之表

里精粗无不到，而吾心之全体大用无不明矣。

象山对此问题之解答则曰：

万物皆备于我，只求明理。然理不解自明，须是隆师亲友。

象山所谓“明理”，所谓“万物皆备于我”，尚待阐释。

第一，象山以为充塞宇宙之理，与具于吾心之理是一样的。故曰：“万物森然于方寸之间，满心而发，充塞宇宙，无非此理。”故既曰：“塞宇宙一理耳，学者之所学，欲明此理焉”（本集十二，《与赵咏道》四）；却又曰：“人皆有是心，心皆具是理……所贵乎学者，为其欲穷此理，尽此心也。”（本集十一，《与李宰》二）尽心与明理，明心中之理与明宇宙之理，是一而二，二而一的。具于吾心之理与充塞宇宙之理相同，此即其所谓“万物皆备于我”之义，亦即其所谓“宇宙便是吾心，吾心即是宇宙”（本集廿二《杂说》）之义。近有执末二语，以为象山持勃克莱（贝克莱）式的唯心论之证者。予按非也。象山明云：“其他体尽有形，惟心无形。然何故能摄制人如此之甚？”（本集三十五，包扬所记语录）岂有持勃克莱式的唯心论，而别有形之体与无形之心者哉。象山盖主心二元论者，与朱子异（朱子以为心是气之精者），而认心能宰身，与笛卡尔略同。“宇宙便是吾心……”之语，固不可以断章取义解也。

第二，此理是一。换言之，一切理皆可总会为一，贯通于一。故曰：“天下之理无穷，若以吾平生所经历者言之，真所谓伐南山之竹，不足以受我词。然其会归，总在于此。”（《语录》上）又曰：“古人君子，知固贵于博，然知尽天下事只是此理，所以博览者但是贵精熟。知与不知，原无加损于此理（之明）。”（《语录》下）。又曰：“天下事事物物，只有一理，无有二理，须要做到其至一处。”（《语录》下）象山所谓“做到其至一处”，与朱子所谓“一旦豁然贯通焉，则众物之表里精粗无不到”，实是同一境界。贯通众理之理，象山类称为“此理”或“是理”。若以今西语称之，当作 The Reason。

第三，读者至此，不免要问：“此理”，此贯通众物之理，为什么？此问题之答案，吾人在《象山集》中遍索不可得，颇怪当时门弟子竟无问及之者。窃疑在象山之思想系统中，此问题非可以言语回答者。窃疑在象山之思想系统中，“此理”之认识（即其所谓“明理”）不是普通的知识，而是一种超智力的神秘的观照。象山论学书札中有一段似说此义。文云：“此理塞宇宙，古先圣贤常在目前。盖他不曾用私智。‘不识不知，顺帝之则’；此理岂容识知哉！‘吾有知乎哉？’（按此《论语》记孔子语）此理岂容有知哉！”明此理之观见，与寻常知识异也。吾友贺麟尝谓朱子“一旦豁然贯通”非寻常知识，而为一种神秘的观照，其言甚精。吾于象山之“明理”，之“做到其至一处”的境界亦云然。

第四，关于“明理”之效验，象山云：“无思无为，寂然不动感而遂遍天下之故。”（《语录》下）其自道所得云：“我无事时只似一个全无知无能底一人。及事至方出来，却又似个无所不知无所不能的人。”（《语录》下）

第五，朱子认为做到“豁然贯通”的路径是即物穷理，用力之久；象山认为明理的路径是“收拾精神，自作主宰”。《语录》（上）载：“或举《荀子·解蔽》‘远为蔽，近为蔽，轻为蔽，重为蔽’之类，说好。先生曰：‘是好，只是他无主人；有主人时，近亦不蔽，远亦不蔽，轻重皆然’。”理本具于心，使心常自主，则物不能蔽而理自明。要心常自主，须收拾精神，即把精神完聚在内。象山教人修养，常以此为言。所谓把精神完聚在内，以今心理学术语释之，当曰the achievement of complete integrity and full intensity of consciousness。

以上五项，第一至三为理论，四至五为实践，陆学要旨具焉。

（原载《国立云南大学学报》第1类第1号，1939年4月；录自张云台编：《张荫麟文集》，教育科学出版社，1993年）

附五　南宋初年的均富思想

（一）

现在许多青年飞蛾扑火地所为殉身的主义，就它的理想方面而论，差不多是和我国记载的历史同其久远的。自从战国以降，趋向均富的思想和活动，无代无之。我们虽然不能跟马克思说，人类的历史乃是阶级争斗的历史——假如把阶级解作自觉的阶级，把争斗解作现代劳资对抗式的争斗——但我们至少可以说，战国以降的中国社会史，乃是均富的势力和反均富的势力的争斗史；虽然在这争斗里头，前者较之后者远为微弱。均富的势力每一次出台，便立即被挤到历史的幕后；但经过长期的隐晦，忽又现身。它是狂澜底下打不消的暗潮，它是巨熊掌下压不碎的不倒翁。

不过我国旧有的均富思想和舶来新式的均富思想有这几点

不同。前者诉于享着不均之利的人，劝他们大发慈悲，去“行不忍人之政”；后者却诉于受着不均之害的人，要他们去创造自己的命运。前者把自身的实现付于不可知之数；后者却把自身的实现认为历史的必然。前者是绝无“危险”性的，王公大人也可以谈谈；后者却是王公大人所深恶痛疾的“洪水猛兽”。这些差异就是马克思所谓“乌托邦式社会主义”和“科学的社会主义”的差别。

我国的“乌托邦式社会主义”思想史中登峰造极的人物，不是墨翟，不是孟轲，不是《礼运》的作者，不是王莽，而是南宋初年的林勋。可惜这个人和他的学说，竟被埋没了七八百年。在《宋元学案》和所有近来讲中国政治或经济思想史的著作里竟找不到他的名字。所以我忍不住要把他表彰一下，虽然现在所得关于他的史料还不多。

林勋的主要著作有《本政书》十三篇。此书著录于《宋史·艺文志》（子部，农家类），但以后重要的官私书目都没有著录，大约在明代已经亡佚了。幸而罗大经（宋末元初人）的《鹤林玉露》卷七里有记《本政书》的一长段，把它的大旨还保存着。李心传的《建炎以来系年要录》卷二六于建炎三年（1129）八月记林勋献《本政书》下，亦附有此书的提要；《宋史》卷四二二的《林勋传》大部分是抄录这段提要的。这段提要远不如《玉露》所述的详晰而且得要，但也有可以补充《玉露》的地方。现在讲林勋的生平和思想只有这三项材料。

（二）

在汉以后所有的“井田论”者当中，林勋的大贡献在提出一个达到“耕者有其田”和平均田地分配之比较切实的办法。他可以说是我国过去所有乌托邦式社会主义者当中最不乌托邦式的。他反对由政府没收民田重行分配的办法（王莽曾行过而失败的办法）。他说：“贫富不等，未易均齐，夺有余而补不足，则民骇矣。”他提出的方案如下。

1. 分现有农民为二等：“一夫占田五十亩以上者为‘良农’，不足五十亩者为‘次农’。”

2. “其无田而为闲民与非工商之在官而为游惰末作者，皆驱之使为‘隶农’。”

3. “良农一夫以五十亩为‘正田’，以其余为‘羡田’。正田毋敢废业，必躬耕之。”

4. “其有羡田之家则毋得买田，惟得卖田。至于次农则毋得卖田，而与隶农皆得买羡田，以足一夫（五十亩）之数，而升为良农。”

5.“凡次农、隶农之未能买田者，皆使之分耕良农之羡田，各如其夫之数（一夫五十亩），而岁入其租于良农，如其俗之故。非自能买田及业主自收其田，皆毋得迁业。”

6.“若良农之不愿卖羡田者，宜悉俟其子孙之长而分之，官毋苛夺，以贾其怨，小须暇之，自合中制矣。”

他的“中制”完全实现了以后的社会，除了凡农民皆是自耕农，而且各各仅占田五十亩外，还有以下的情形：

7. 十六夫为一个单位，他们连耕地和居住地共占九百亩，即一方里，叫做一“井”。万井（即一万方里，即“方百里”），为一同；但“一同之地……三分去二为城郭、市井、官府、道路、山林、川泽与夫硗确不毛之地，定可耕与民居者三千四百井。”

8.“一顷之居，其地百亩，十有六夫分之。夫宅五亩，总十有六夫之宅为地八十亩。余二十亩以为社学场圃，一井之人共之，使之朝夕群居以教其子弟。”

9.“井复一夫之税，以其人为农正，劝督耕耨赋税之事，但收十五夫之税。”

10. 每一夫五十亩每年纳税米一石、钱二百文（“总八顷之税为米十有六石，钱三贯二百文。”）。依林勋的计算，这是什一之税，因为“百亩之收平岁为五十石，上岁为米百石。”“总计三千四百井之税为米五万一千石，为钱一万二千贯，以此为一同之率。”（以上十事据《鹤林玉露》）

11. 每井赋兵二人，马一匹，一同之率，为兵六千八百人（《宋史》本传作六千四百，似误），马三千四百匹。于此率内，“岁取五之一以为上番之额，以给征役；无事则又分为四番，以直（值）官府，以给守卫；是民凡三十五年而役使一遍也”。应征兵马之粮饷，以同内之租税供之。

12.“匹妇之贡绢三尺、绵一两……非蚕乡则布六尺，麻二两。”

13. 以上之制度“行之十年，则民之口算、官之酒酤与夫茶盐香矾之榷皆可弛以予民”。（以上三事据《要录》及《宋史》本传。）

以上十三项都是关于土地问题的。但内中第二项“非工商之在官”者云云，似乎暗示林勋也有一种统制资本的办法，就是把工商变成政府的雇员，可惜其详不可得而知了。

林勋的均田主张并不是凌空结撰的梦想，乃是他针对时病而开的药方。南宋初年社会病态，他在《本政书》里也曾扼要地指出。他说：“国家兵农之政率因唐末之故……（而）二税之数视唐增至七倍。”“今农贫而多失职，兵骄而不可用。是以饥民窜卒，类为盗贼。”（《要录》及本传）以这样的国家，当金人之锋，不思改弦易辙，而说什么“长期抵抗”“收复失地”，岂非欺人之谈？

南宋初年我国土地和资本集中的情形现在还没有被详细考出，但林勋的均田思想的出现正表示着有产和无产两阶级的对立已成为很明显的事实。最足以证明这个推论之不谬的，林勋奏上《本政书》的次年二月，便有钟相、杨幺之徒，打着“均贫富”“等贵贱”的旗号起事于荆南。他们“焚官府、城市、寺观、神庙及豪右之家，杀官吏、儒生、僧道、巫医、卜祝之人，谓国法为邪流，谓劫财为均平；病者不许服药，死者不许行丧；人皆乐附而行之，以为天理当然”（《三朝北盟会编》卷一三七）。这场革命，聚众至四十万，历时至二十年，蔓延的地方相当于现今两湖的大部分（参看朱希祖《杨幺事迹考证》）。参加这场革命的主要份子正是林勋所谓“失职”的农民。他们久蓄的怨毒终于发泄了。挥霍他们的血泪以自娱自快的人们终于偿付积欠的代价了。林勋的均田思想正是大乱前夕照例应有的“改良主义”。像一切大乱前夕的改良主义者，他使软心的史家佩服他识见的超越、同情的敏锐、态度的敦厚、计虑的周密，同时又惋惜他的苦口婆心的白费。

（三）

关于林勋的生平，记载甚略。根据《要录》和《宋史》，我们可知以下数事：

1. 他是贺州（今广西贺县）人。（据《宋史》本传，《玉露》同。《要录》说他是临贺人，临贺盖即贺州治。）

2. 他登徽宗政和五年（1115）进士第。（据本传。《玉露》说他“绍兴〈1131—1160〉中登进士第”，盖误。）

3. 他于高宗建炎三年（1129）八月以广州教授的资格进呈《本政书》（本传但言其登进士后曾“为广州教授”，《要录》载“广州教授林勋献《本政书》”云云），旋即被任为“桂州节度掌书记”。

4. “其后勋又献《比校书》二篇。大略谓桂州地东西六百里，南北五百里，以古尺计之，为方百里之国四十，当垦田二百二十五万二千八百顷，有田夫二百四万八千，出米二十四万八千斛，禄卿大夫以下四千人，禄兵三十万人；今桂州垦田约万四十二顷，丁二十一万六千六百一十五，税钱万五千余缗，苗米五万二百斛有奇，州县官不满百员，官兵五千一百人。盖土地荒芜，而游手末作之人众，是以地利多遗，财用不足，皆本政不修之故。”

5. 他又著有《治地旁通》一卷（参见《宋史·艺文志·农家类》），今亦亡佚，内容不详。

他的生卒年无考。假定他登进士第时年约三十，那么，他约生于哲宗元祐元年（1086），他献《本政书》时年约四十四。他献《比校书》不知道在那一年，《要录》系此事于献《本政书》之记载下，两事相去当不远，此后就没有他的消息。我们若说他生于十一世纪的末叶，卒于十二世纪的中叶，当无大差。

《本政书》在十二世纪的末叶还很流行，并且为当时智识界的领袖所称道。《鹤林玉露》说：“朱文公（熹）、张宣公（栻）皆喜其说，谓其有志复古。”《宋史》本传说：“朱熹甚爱其书。东阳陈亮曰：勋为此书，考古验今，思虑周密，可谓勤矣，世之为井地之学者孰有加于勋者乎！要必有英雄特起之君，用于一变之后，成顺致利，则民不骇而可以善其后矣。”

《本政书》在南宋政治思想史上的影响是一个值得再加探索的问题。

（原载《大公报·史地周刊》第87期，1936年5月29日）

第四章　女真的兴起与宋金的和战

附一　跋折公墓志铭

宋府州《折可存墓志铭》以1939年出土于陕西府谷县，今存府谷县署。折可存名氏不见《宋史》，惟《三朝北盟会编》卷二五引续觱撰《李翼行状》，载宣和七年（1125）十二月金人围崞县，可存及其伯兄可与并预城守。城陷，可与被执，敌诱降，骂曰："我八十年世守之家，宁肯负国，败坏家声？无知畜类，不若亟杀我。"敌击之，损一目，骂愈甚，遂遇害。而可存则得免云。据《志》，可存非纳降则就俘矣。《志》所谓"仲兄今节制承宣公"者，即折可求也。方可与等守崞县时，可求则以府州守臣统麟府兵二万往援太原，未至，与金人战于交城，师大溃，后崞县之陷才数日耳。此时守太原者，即《志》所称"帅太原，辟（可存为）河东第二将"之张孝纯也。孝纯死守太原久，力竭被执，亦骂贼不屈，然金人委曲柔之，竟降志为刘豫丞相。此为南宋初一大怪事，详于《会编》。可求后亦于建炎二年（1128）以麟、府、丰三州降金，事见《宋》《金》史本纪。据《志》，可存葬于庚戌，即建炎四年（1130），后可求之降二年。《志》即作于此时，宜其不书宋年号也。所谓“今节制承宣公”乃可求入金后之官爵，承宣即承宣使，旧称观察留后。《宋史·职官志》云，“政和七年易观察留后为承宣使”，盖其后金人亦仿之。而《四库提要序》录《㮚溪居士集》驳《宋志》云：“集中赐董先辞免新除承宣使恩命不允诏，有顷因留务之职，易以使名之语，知承宣使之名，乃始于绍兴，不始于政和。”予未得睹《㮚溪集》，然据此《志》可决《宋志》不误，而《提要》误也。《志》载可存于平方腊、擒宋江二役，均曾立功。然二役之其他公私记载，无见可存名者，殆其功非赫赫欤？据方勺《青溪寇轨》，方腊之乱，“朝廷遣领枢密院童贯、常德军节度使谭稹二中贵率禁旅及京畿、关右、河东蕃汉兵，制置江淮二浙”。其河东蕃汉兵当即可存所率也。方腊之平与宋江之降，二事孰先孰后，又宋江曾否参预平方腊之役，旧有异辞。《宋史》本纪系宋江之降于方腊平后次年，而《北盟会编》（卷五二）引《童贯别传》云：“贯将刘延庆、宋江等讨方腊。”毕氏《续通鉴考异》云：“《别传》误，今不取。”而黄以周等所辑《续资治通鉴长编拾补》，自注（卷四二末）云：“案毕氏此言似亦失考。今据《长编》所载，三年四月戊子，童贯……分兵四围包帮源洞，而王涣……宋江次洞后。《十朝纲要》亦载三年六月辛丑辛兴宗与宋江破贼上苑洞。是宋江之讨方腊固有明证，而毕氏乃疑《童贯别传》为误，其说殆未当也。”今按《志》云：“腊贼就擒，迁武节大夫，班师过国门，奉御笔捕草寇宋江，不逾月继获。”则《宋史》本纪之不误，而毕氏去取之当于以决矣。凡一时众所共见之大事，正史类有同时之实录为本，不易错乱，轻据野史以疑之，过也。且《童贯别传》当亦《长编》所据，而《十朝纲要》又本《长编》，以《纲要》《长编》证《别传》，犹无证矣。然不有此《志》之出，又何以确见其说之谬欤？《志铭》书撰人范圭，自称“蜀忠文公曾孙”，蜀忠文公即范镇也，《宋史》有传。

附：宋故武功大夫河东第二将折公墓志铭

华阳　范圭　书撰

公讳可存，字嗣长，府州之折也。惟折氏远有世序，茅土相绍，垂三百年，代不乏贤豪。公为人刚直不挠，倜傥有大节，尝慨然起功名之念，耻骄矜而羞富贵，笃学喜士，敏于为政，名重缙绅间，果公家一代之奇才也。曾祖简州团练使赠崇信军节度使，讳惟忠；曾祖妣刘氏，彭城郡夫人。祖果州团练使赠太尉，讳继闵；祖妣刘氏，云安郡夫人；慕容氏，齐安郡夫人；郭氏，咸安郡夫人。考秦州观察使赠少师，讳克行，谥曰武恭；妣王氏，秦国夫人。公以武恭荫补入仕为右班殿直，俄迁左侍禁。官制行，改忠训郎充经略司准备差使。公之仲兄，今节制承宣公也，时为统制官，辟公主管机宜文字。夏人女崖来扰我边，西陲不宁者十有五年。女崖，酋之桀黠者，闻吾虚实，洞察无遗，边民苦之。朝廷立赏御逐，统制命公率所部捕之，众不满百，公设奇谋，以伏兵生获女崖，遂奠西土。功奏，迁秉义郎、阁门祗候，升第四副将。宣和初，王师伐夏，公有斩获绩，升阁门宣赞舍人。方腊之叛，用第四将从军，诸人藉才，互以推公，公遂兼率三将兵，奋然先登，士皆用命，腊贼就擒，迁武节大夫。班师过国门，奉御笔捕草寇宋江，不逾月继获，迁武功大夫。张孝纯帅太原，辟河东第二将。雁门索援，公受命不宿，曰："固吾事也。"即驻兵崞县，城陷，被执应州。丙午岁，自应间道而南也，季秋四日，终于中山府北寨，享年三十一。庚戌十月四日，葬于府州西天平山武恭公域之东。公娶吉州刺史张世景之女，封安人。一子彦深，保义郎，早亡。女一人，许适蜀忠文公曾孙范圭。圭尝闻公之来中山，盖今太安人张氏乃公所生母，尚在并门，公欲趋并拜母，无何，数不少延，寿止于斯，哀哉！忠孝两不得尽，在公为深憾矣。于其葬也，圭受命于承宣公而为之铭。铭曰：

既冠而仕，仕已有声。
女崖巨猾，举不再征；
俘腊取江，势若建瓴。
雁门之役，为将沿兵。
受命不宿，怀忠允勤。
门道自南，凡母在并。
公乎云亡，天道杳冥。
谁为痛惜，昭昭斯铭。

［原名《宋武功大夫河东第二将折公墓志铭跋》，载《益世报·文史副刊》，1942年5月28日；《张荫麟全集》编者据张荫麟《宋史论丛》，三联书店1956年版清样本（后因故未出版）刊录，中国社会科学院近代史所图书馆藏，并改作今名］

附二　刘锜与顺昌之战

一、《刘锜与顺昌之战》自序

宋、金交兵之最初十五年间，宋以崩倒之战为常，而从未有一次屹决之胜。虏骑长驱远突，南至于南昌、长沙，东至于杭州、宁波，高宗仓皇浮海，仅免为徽、钦之续。时方百计通使，求拜表称臣而不获。暨秦桧秉钧，王伦使回，高宗始遂屈膝偷安之愿，然甫逾年而虏骑又南下矣。

自顺昌之战而形势一变。是役也，刘锜以壮弱杂□不盈二万之军，撄顺昌□薄之孤城，而败金兀术十余万之精锐，使之狼狈遁逃。声威所播，举国振奋。于是李宝捷于兴仁，姚仲捷于凤翔，牛皋捷于京西，孙显捷于陈蔡，曹成捷于大兴，王胜、成闵等先后捷于淮阳，杨从义捷于宝鸡，王贵、姚成捷颍昌，吴璘捷于陕州，韩世忠捷于泇口，杨沂中捷于柘皋，而岳飞捷于郾城。是时洪皓方奉使在燕，据其所见，金人震惧丧魄，悉迁燕之珍宝于北，意将捐燕以南而弃之。无如高宗，一意于和也。然高宗所以能终和，赖此战耳。朱晦庵曰："虏人（经此）大败，方有怯中国之意，遂从和议，前此皆未肯真个要和。"其言谅矣。是则顺昌之战者，宋、金南北对峙之局所由奠也。论其在历史上之重要，视昆阳、赤壁、淝水诸役岂有逊哉！而其两方众寡之悬殊，又与昆阳、赤壁、淝水诸役为类。

吾人读史至昆阳、赤壁、淝水诸役，每恨无亲历其事者之赡详记录，又无异源之资料以供参校；今所传者，既甚简略，又不知几经文人点窜，其去真象之远近，竟无以测之。顺昌之役，幸独不尔。现存此役之重要史料有七，请略述如下。

（一）杨汝翼之《顺昌之战胜破贼录》（下文省称《杨录》）。杨氏事迹，于本录外无可考见。本录中云："某（作者）随轩而来，偶遭虏寇。迨兹平宁，敢以前后所见叙为纪实。"意杨氏当是刘锜左右司笔札者。本录为日记体，如下文所考，乃撰于战后两三月内，时作者盖尚留顺昌也。以亲见亲闻，而记于记忆尚新鲜之际，在原始史料中，所希觏也。

（二）汪若海陈报顺昌战功之《劄子》（下文省称《汪氏劄子》）。汪氏在战前官顺昌府通判，城将被围时，奉知府陈规命请援于朝。此《劄子》之来源，据其中所述，乃汪氏“躬往战地，或访亲见临阵之人，或质被虏得脱之士。”考李心传《建炎以来系年要录》一三七载“若海移书辅臣”云云，其下录书中语皆见于此《劄子》中。则此“劄子”乃其移辅臣之书也。

以上二种皆全采于徐梦莘之《三朝北盟会编》，分载卷二百一及二百二。

（三）刘锜自述顺昌之战略，经辗转传述而记入于《朱子语类》卷一三二中者。《语类》皆朱子门弟子所记。其关于顺昌之战二则，乃刘锜亲言于张栋，张栋以告朱子，朱子以告其门弟子而记之者。二则乃二人各记同一谈话，而互有详略，且稍有参差，《语类》并收之。史法上所谓“传闻异辞”，此为最佳之实例。

（四）周南之《山房杂记》。周南略与朱子同时，官至秘书省正字。《杂记》见于其所撰《山房集》（涵芬楼秘笈本）卷八，中记刘锜事五则（其关于顺昌之战者一则），皆不见于他书。

（五）徐梦莘之《三朝北盟会编》。《会编》除全采《杨录》及《汪氏劄子》外，尚有许多关于刘锜之记载，不尽注明来源者。

（六）李心传之《建炎以来系年要录》（下文省称《要录》）。心传号称良史，而《要录》记顺昌之战颇略，且时有颠倒凌乱，殆非其经意之笔也。《要录》因□编而修，此所记乃以《杨录》及《汪氏劄子》为主源，然其撰拟亦有出二文之外者，惜不注来历耳。所可异者，《要录》之考异小注中，屡引郭乔年之《顺昌破敌录》，而所引文皆见于今存之《杨录》中，仅偶有一两字之差异。岂《郭录》与《杨录》实即一书，而作者传闻歧出欤？抑《郭录》全采《杨录》，加以增广，而《要录》所引，适为其因袭之部分欤？以余观之，后一说为近实。《要录》小注所引尚有不著撰人之《顺昌破敌记》一则，原书今已佚，《要录》记顺昌之战虽稍略，然刘锜在此战以前及以后之事迹散见于《要录》中者则甚多，且大部分为《宋史·刘锜传》所不载，可采以补其缺也。

（七）《宋史·刘锜传》（下文省称《本传》）关于刘锜之史料，此最晚出。其记顺昌之战，一部分符于《杨录》，一部分符于李氏《要录》，而亦有出此二录之外者，显然别有一源，惜此别源之来历不可考耳。所记此战前后之刘锜事迹，校以《要录》，不独互有详略，且时有重大之差歧，须重加考订。

南宋人笔记，于南宋名将，如韩世忠、岳飞辈多记其遗闻轶事，独于刘锜则缺如。近人丁传靖辑《宋人轶事汇编》，搜讨宋人笔记殆遍，而于刘锜只有短短之三则，其二摘自徐氏《会编》，其一采自朱子之《名臣言行录》，皆无关重要者。

以上所列举关于刘锜及顺昌之战之史料（此外，次要之资料尚有《十三处战功录》《中兴御武录》及《南宋十将传》，予因避地边荒，无从得见，须俟他日增补），过去史家尚未有汇聚而整理之，考校其异同，断取其可信，而综合为一比较能满人意之记述者。本书爰始为之。

下文分两部：

（一）《刘锜别传》。即抉择而融会一切有关史料之新记述。

①顺昌之战以前；②顺昌之战；③顺昌之战以后。此篇分三节，在第一及第三节中，遇有歧异之记载为本文所不采者，悉为考异，随文附注。此二节之史源，除《本传》《要录》及《会编》外，尚有朱子之《张复行状》。第三节之史源及其考异尽具于下一篇中，故不复以考异随文附注云。

（二）杨氏《顺昌战胜破贼录》疏证。《杨录》本身为一极有意义之历史文件，亦一极富趣味之读物。其中细节，《别传》格于文体，无法完全采入，抑其亲切之意味与时代之精神，一经转述便无法保存。要之此录自有独立永存之价值，而非任何转述所能替代。今以此录为正文，而悉采其他史料之详其所略者，或可以补其所阙者，或可以正讹误者，或与有出入而是非难遽决者，分别疏附其下，间加按语。庶学者览此，不惟于顺昌之战可得更亲切而深刻之印象，且于记载之源流与夫史家取裁之艰苦，亦可了然。窃以为凡关史中大事之有众多史源者，皆宜以此法处理之，兹篇其权舆也。

［原载《益世报·史学副刊（重庆版）》第6期，1940年6月13日］

二、顺昌战前之刘锜

刘锜，字信叔，秦州人（秦州在宋属陕西秦凤路）。父仲武，神宗熙宁中试射殿廷异等补官，累为边将。徽宗崇宁三年（1104），河湟羌结西夏入寇，陇右都护知鄯州高永年发兵往御，时仲武知河州，永年用为统制。师出遇敌，仲武欲固垒，永年易敌，迎战，遂大败，被执。仲武引咎自劾，坐流岭南。命未下，仲武与夏人战伤足，朝廷闵而贷之，以为西宁都护。童贯招诱羌王子臧征仆哥，收碛石军，邀仲武计事。仲武曰：“王师入，羌必降；但河桥非仓卒可成，若禀命待报，虑失事机。”贯乃守便宜。仆哥果约降，而索一人为质，仲武即遣其子锡往。河桥即成，仲武帅师渡河，挈与归。童贯掩其功，亦不自言。久之，徽宗召劳之，称其策高永年之事，与降仆哥之功，悉官其子九人。仲武累官泸川军节度使，以老奉祠，再起知熙州。卒年七十三，谥威肃。（《宋史·刘锜传》《刘仲武传》及《西夏传》）（考异一：《宋史·刘仲武传》以为秦州人，《锜传》以为德顺军人，父子异籍，当有一误。今从秦州说。德顺军亦属陕西秦凤路。）

锜，仲武第九子也。美仪状，善射，声如洪钟。尝从仲武征讨，牙门水斛满，以箭射之，拔箭水漏，随以一箭窒之。人服其精。徽宗推恩授仲武诸子官，史不详锜得何职。宣和间，用高俅荐，特授阁门祇候。高宗即位，录仲武后，锜得召见。高宗奇之，特授阁门宣赞舍人，差知岷州，为陇右都护。与夏人战累胜，夏人儿啼，辄怖之曰：“刘都护来！”（《宋史》本传）

张浚宣抚陕蜀，一见奇其才。建炎三年（1129）九月，擢为泾原经略使，兼知渭州；同时任其兄锡为熙河经略使，兼知熙州。四年（1130）九月，张浚集诸军与金人战于富平，败绩。是役也，刘锡实为统帅，而锜以师会。战之日，敌三千骑径赴乡民小寨，乡民奔窜不止，践寨而入，诸军惊乱。遂薄泾原军，锜身先士卒御之。自辰至未，胜负未分。敌更薄环庆军，他路军无与援者。而环庆军帅赵哲擅离所部，将士望见尘起，惊遁，军遂大溃。张浚归罪赵哲而诛之。十月，哲部将慕容洧（考异二：《本传》作慕洧，误）叛，攻环州。浚命统制官李彦琪以泾原兵救环州。洧附于西夏，浚又遣锜追之。锜留统制官张中彦、干办公事承务郎赵彬守渭州。二人素轻锜，又闻浚已还秦州，恐金人至，乃相与谋逐锜而据泾原。锜至环州，方与洧相拒，金以轻兵破泾州，次潘原县。锜留彦琪捍洧，而亲率精锐还渭州，至瓦亭而敌已迫渭城。锜进不能追洧，退不能入渭，遂走德顺军。彦琪以孤军无援，亦惧，遁归古原州。张中彦、赵彬闻之，遂通款于金。［考异三：熊克《中兴小历》："锜留统制官张中孚、李彦琪捍洧，亲率精锐还，而渭城已陷，退屯瓦亭。中孚与弟中彦送款降敌。彦琪以余兵遁归古原州。中孚等又引金人劫之。锜至花石峡，赵彬又劫其军与金帛降敌。"又《要略》引杨氏《圣政编年》："浚遣李彦琪救环州。金自凤翔犯泾原。刘锜遁去，统制官张中孚、张中彦降。……刘锜至花石峡，赵彬劫其军与金帛降敌。"《要录》云，"以赵甡之《（中兴）遗史》考之，当洧及中彦继叛时，金人犹未大入也。”甡之以为张中彦、赵彬同谋逐锜，此为得之，今依《要录》。］其后李彦琪亦降。彦琪及中孚本在羁管中，锜起以为将而叛。十一月金人入德顺军，锜走归。锜坐环渭事，贬秩知绵州，兼绵威茂州石泉军沿边安抚使。（按此事不详年月，亦不知是出朝命，抑张浚承制为之。）绍兴三年（1133），复官为宣抚使统制官。是年十一月，金人攻拔和尚原，乃以锜分守陕蜀之地。（以上据《传》及《要录》）

绍兴四年（1134）八月，高宗以亲笔召刘锜赴行在，命川陕宣抚使津发，因使者自蜀归以锜名上闻也。宣抚使王似等数言锜守边不可遣，乃稍缓其行。五年（1135）二月，川陕宣抚副使卢法原选精锐五千，令锜统押出蜀赴行在。诏将兵不须起发，令锜疾速赴行在。七月锜至岳州，时张浚宣抚荆湖，以锜暂摄岳州事，且上言朝廷若于锜未有差委，欲正差知岳州。诏趣赴行在。十二月锜至行在（临安），诏为江南东路马步军副总管，带御器械，以其亲兵遥隶侍卫步军司。（考异四：《本传》云：“召还，除带御器械，寻为江东副总管。”有误。）六年（1136）二月，诏锜以带御器械兼权提举宿卫亲兵。十月，擢浙西、淮东沿海制置副使。（《要录》）

绍兴七年（1137）正月，高宗驻跸平江，诏锜权主管侍卫马军司并殿前步军司公事（按宋代禁军分侍卫殿前两司，又各分马步司）。初，行营前护军都统制王彦镇金州，其使臣某亡去，至是在权主管马军公事解潜军中，彦遣将执之。两军之士，交斗于通衢。中外汹汹。会平江民居火，潜所部兵乘机劫掠，侍御史某论潜罪。先是，张浚屡荐锜文武两器，真大将才。（考异五：《要录》以为浚荐锜在解潜得罪后，今从《北盟会编》。）乃以锜代解潜职。解潜既罢，王彦亦不自安，因乞持余服，高宗许之。二月，诏以彦所部前护副军（即有名之“八字军”）并隶刘锜。彦闻之，喜甚，曰：“所付得人矣。”三月，高宗次建康，锜以所部扈从。四月，锜奏以前护副军及解潜所部马司兵，并已原有部队，通为前后左右及游奕凡六军，每军少壮正甲军千人，共为十二将。诏从之。前护副军原有万人，解潜所部原有二千六百人，锜自蜀带到军马亦有五千人，今六军十二将止共管少壮正甲军六千人者，则老弱数多故也。是年六月，锜奉命以所部戍庐州，兼淮南督府咨议军事。八月以锜兼淮南西路制置副使，置司庐州。九月，以锜知庐州，主管淮南西路安抚司公事，仍兼制置副使。盖是时淮西之守全寄于刘锜一军矣。八年（1138）六月，锜移屯镇江府。九年（1139）二月，被召还朝，为龙神卫四都指挥使，主管侍卫马军司公事。时朝廷以与金和议成，弛江防也。（《要录》

及《本传》）

（原载《清华学报》第13卷第1期，1941年4月）

三、《顺昌战胜破贼录》疏证

谨按：顺昌之战（宋顺昌府治即今安徽阜阳县治）乃宋南渡后第一次大挫金人之战。此役为朱子少时事。后来朱子谈及此役，尝曰："虏人（经此）大败，方有怯中国之意，遂从和议，前此皆未肯真个要和。"（《语类》一三二）则其所系之重可知。且是役也，宋以远行疲敝、不盈二万之众，撄孤城，而败野人十万余整暇之师，亦军事史上一异迹，而有足资今日军人之兴感与借鉴者。此役最原始而详细之记录为《顺昌战胜破贼录》。据其内证，知作者身预此役而纪述于班师之前。陈振孙《书录解题》（卷七传记类）谓此录"不著名氏"。而徐梦莘《三朝北盟会编》采录之，则题作者为杨汝翼。汝翼事迹别无可考，梦莘去顺昌之战不远，所题宜有根据。然李心传《建炎系年要录》之记此役，自注所引，无杨汝翼之《顺昌战胜破贼录》，而有郭乔年之《顺昌破敌录》。观其所引《郭录》之文，除一两字之出入外，全同徐梦莘所采之《杨录》，深可异也。岂心传所引之《郭录》与梦莘所采之《杨录》，实即一书，而于其作者，二人所闻异辞欤？抑《郭录》本采及《杨录》，而心传所引适为其所采于《杨录》之部分欤？今无从稽决矣。兹取所见《杨录》以外一切与顺昌战役有关之史料，以校补《杨录》，以《杨录》为正文，凡可以为其参证、补阙正讹，及与其有出入者，皆分别疏附于其下，名曰《杨录疏证》，实即顺昌战役史之源汇集，亦即顺昌战役史之长编也。疏证所资之文献，例举如下：

（1）《朱子语类》卷一三二记顺昌战事。此刘锜亲言张栋，张栋以告朱子，朱子语其弟子而记之者。两弟子各记同一谈话而互有详略，且稍有参差，《语类》并收之。

（2）汪若海述顺昌战事《移辅臣书》（《疏证》省称《汪书》）。按汪氏在战前任顺昌府通判，城将被围时，汪氏奉知府陈规命请援于朝。此书所述，据其内证，乃汪氏“躬往战地，或访亲见临阵之人，或质被虏得脱之士”而得者。《三朝北盟会编》采录此书全文，题作《汪若海劄子》，今载《建炎以来系年要录》一三七，自汪改题如上。

（3）周南《山房杂记》。周南为朱子同时人，官至秘书省正字，《杂记》见于其本集（《山房集》，有涵芬楼秘笈本）卷八。

（4）《皇宋中兴两朝圣政》（《疏证》省称《圣政》）。南宋人撰，不著撰人，有宛委别藏本。

（5）《三朝北盟会编》（《疏证》省称《会编》）。此书关于顺昌大战，除采录原料外，亦有纲目式之记载不注所出者。

（6）《建炎以来系年要录》（《疏证》省称《要录》）。

（7）《宋史·刘锜传》（《疏证》省称《本传》）。

绍兴十年，春，天子以骑帅太尉刘公副守东都，仍节制所领军马。

《要录》一三四：绍兴十年（1140）二月，“辛亥（初六日），济州防御使、主管侍卫马军司公事刘锜（关于刘锜之生平，参看附录）为东京副留守，仍兼节制军马”。自注：“锜兼节制在此月壬戌（十七日）。”（《圣政》二六同）

继被朝旨，精锐兵马分戍陈、汴，随军老小屯泊顺昌。

《本传》：“所部八字军才三万七千人，皆携其孥，将驻于汴，家留顺昌。”

三月十八日，陛辞出城，益以殿司二千人。

《本传》及《要录》一三五皆作三千人。

拨隶戍役，束装裹粮，越五日而后启行。绝江泝淮，风涛险阻，自临安凡二千二百里抵颍上。以顺昌之属邑，陆路两驿而近，水路萦纡曲折，殆三百里。太尉舍舟，与属官将佐先抵城下，时五月十五日。

“颍上”以下疑有讹夺。大意谓由颍上至顺昌府城陆路近而水路远，锜等趋陆故先至，大军仍以水路为便，故后至。《本传》：“锜自临安溯江绝淮二千二百里至涡口。方食，暴风拔坐帐。锜曰：‘此贼兆也，主暴兵。’即下令兼程而进。未至五月（日？），抵顺昌三百里，金人果败盟来侵。锜与将佐舍舟陆行，先趋城中。”《要录》系锜至顺昌于本月丁亥，即十四日；《会编》系于五月二十六。

太守龙学陈规、倅（按即通判府事）汪若海，洎兵职官吏门首迎迓，馆太尉于罗汉院。守倅既相报谒，即往按视营寨，湫隘窄陋，悉不如法。两日之间，经营区处，尚未就绪。十七日早，太尉门首别提官宋待制未及回，陈守约相见，出泰和县申状，报太子（按太子上当脱“四”字，四太子即兀术）人马于五月十二日寇东京。亟归谕诸将，戒饬士卒，无致张皇。

《要录》一三五：“庚寅（十七日）……知顺昌府陈规得报，敌骑入东京。时新东京副留守刘锜方送客，规以报示锜。锜曰：‘吾军有万八千人，而辎重居半，且远来力不可支。’乃见规，问曰：‘事急矣！城中有粮，则能与君共守。’规曰：‘有米数万斛。’锜曰：‘可矣。’规亦力留锜共守。锜又见刘豫时所蓄毒药犹在，足以待敌。”（《圣政》二六全同）

其时，选锋游奕两军并老少辎重舟船九百余只相去尚远，遣骑追促，至四更后方遂入城。十八日，辰巳间有探报，虏骑已入陈州。陈州距顺昌才三百里，阖城惶惑，罔知所措。而马军缘寨棚未定，遂以罗汉院驻左军，普惠寺驻右军，前军驻旧衙，后军驻毗卢院，中军驻台头寺，而太尉迁维摩院，乃欧阳文忠之故居也。皆在子城外，与府治及民家两不相干。是日，太尉遣主管机宜文字杜亨道、干办公事王羲宾谒陈守，以朝廷先降到赡军钱支发交子，欲敛兵入城，为捍御计。陈守愕然曰："城中闻警报，人皆欲去。太尉独欲守，何也？"

《要录》一三五："锜遣兵属与规议，敛兵入城为捍御计，人心稍定。"自注："郭乔年《顺昌破敌录》云：'太尉欲敛兵入城为捍御计。陈守愕然曰："城中人闻警报皆欲去，太尉独望守城耶？"'疑规未必有此言，今不取。"

继而汪若海告别，云："某已奉有檄，差往行在禀议。"太尉因托以章奏附行。寻闻挈家出南门矣。十九日，太尉与属官并统兵官聚议："我军方自远来，未及息肩，已闻虏骑压境，诸公以为何如？"其间或欲守御，或欲就便舟顺流而下，独太尉激以忠义，喻以祸福。且曰："某赴官留司，今京司既陷，未可之官，赖全军在此，幸有城池，粗可守御。顾此机会，大不容失。要当同心戮力死报国家。"诸公翕然同辞，无或异议，

《本传》：“召诸将计事。皆曰：‘金兵不可敌也，诸以精锐为殿，步骑遮老少，顺流还江南。’锜曰：‘吾本赴官留司，今东京虽失，幸全军至此，有城可守，奈何弃之？吾意已决。敢言去者斩！’惟部将许清号夜叉者奋曰：‘太尉奉命副守汴京，军士扶携老幼而来。今避而走，易耳，然欲弃父母妻子则不忍。欲与偕行则敌翼而攻，何所逃之？不如相与努力一战，死中求生也。’议与锜合。锜大喜，凿舟沉之，示无去意，寘家寺中，积薪于门。戒守者曰：‘脱有不利，即焚吾家，毋辱敌手也。’”按《杨录》与《本传》所记诸将之勇怯大殊，汝翼不免袒其同辈也。

于是与官属登城区处，以后军统制许清守御东门。中军统制（自注：阙姓名）守御西门。

据《要录》一三五及《圣政》二六，守西门者为贺辉。

右军统制焦文通、游奕统制钟彦分守南门，左军统制杜杞守北门。分遣将士，明远斥堠，仍召募土人作乡导间探。是日晚，亳州把门使臣白忠等二人来报，云有王彦先者，刘豫时曾知亳州，号王爪角，自东京同金贼已入亳州，亳州至顺昌二百四十里。继捉到王彦先所差探事人朱海、张山，斩之，枭首于市。又报金贼入陈州。陈州至顺昌三百里。二十日以后，报金贼犯蔡州，蔡州至顺昌二百七十里。续报犯项城，项城陈州属邑，至顺昌一百九十里。又报犯泰和，泰和顺昌属邑，至府城七十里。居民因贼势逼近，后闻太尉一意坚守，皆杂沓辐辏入城，城中百姓赖以安堵。

《要录》一三五："城外有居民数千家，恐为贼巢，悉焚之。"

然太守及州官骨肉络绎出城，皆渡淮而东走。太尉日夕在城上，亲督兵将，备设战具。而城垒摧缺，旋加补贴，芟薙榛棘，如篦篱笆，仅存数十。悉取伪齐所作痴车，

痴车，《本传》同，《要录》一三五作蚩尤车。《圣政》二六作蚩车。

以轮辕埋没城上。又谕州索居民门户扇踏，随宜

悬挂，仅能周匝。其时新鄜延总管刘光远，以路梗亦留顺昌。新永康知军柳倪，缘太尉亲，以从行，至是皆就差，检察一行军马，提举四壁守御。自十九日至二十四日，凡六日之间为备御计，食息不暇。而探报日急，而军中相与激劝，争先整治甲器。且曰："我辈自此出阵，未曾立功。今才至此，便遇大敌，须是出力报答国家，兼荷太尉存恤，到这里要取一场富贵。"上下响应，如出一心。

《本传》："军士皆奋，男子备战守，妇人砺刀剑。争呼跃曰：'平时人欺我八字军，今日当为国家破贼立功。'"

二十五日，金贼游骑数千涉颍河，出没城下。遇太尉生擒银牌千户阿赫杀阿鲁等，

按太尉下当脱"伏兵"二字，据《要录》一三五及《本传》补。阿赫杀阿鲁等，《要录》作"阿克顺杀等二人"，《本传》作"阿黑等二人"。

通说韩将军先遣来城下探城中事宜。及有探报，韩将

军、翟将军两头项在白沙、龙涡一带下寨，在城北约三十里。太尉夜遣千余人击之。至二十六日早，复与贼战，杀伤千百人。辰巳间入城，太尉于北门犒劳，即具捷奏以闻。

《汪书》："兀术……初遣三路都统既下淮宁，来取顺昌，犯白沙。刘某夜遣师，晨至白沙，相距终日，合数阵，三路都统大败而去。"此与《杨录》不同。

二十七日，金贼驰报龙虎大王及三路都统，皆自陈州来，增益兵马。至二十九日，合韩、翟二将军，一带逼城，自北之西，自西之南，自南之东。人马约三万余骑。太尉西门出军，仍激励出城士卒，内外协应。巳午之间，贼临城施放，而柳知军适在东门，为敌箭中左足。柳倪即拔箭，就以破胡弓射之，应声而倒，继发十枝，无不中者。翼以神臂弓破之，遂稍引去。即以步兵邀击，慌怖回奔，走小河，人马渰溺者不可胜计。

《本传》纪二十九日之战，较《杨录》为更得要领。记云："既而三路都统葛王褎以兵三万与龙虎大王合兵薄城。锜令开诸门，金人疑不敢近。初锜傅城筑羊马垣，穴垣为门。至是与清（按：谓部将许清，见上文）等蔽垣为阵。金人纵矢，皆自垣端轶着于城上，或止中垣上。锜用破敌弓，翼以神臂、强弩，自城上或垣门射敌无不中。敌稍却，复以步兵邀击，溺河死者不可胜计。”

《圣政》二六于葛王褒及龙虎大王兵败溺河后记云：“夺其器甲及生获北国汉儿。皆谓敌已遣报银牌使驰诸东京，告急于都元帅宗弼矣。”

> 抵暮，尚有铁骑数千，摆布河外，复出官军千数，连击之，大获胜捷。夺到韩将军大小认旗十面，并铁甲提刀等。至三十日早战士还屯，犒劳如初，亦以上闻。

《山房杂记》：“锜至顺昌，不旬日，金之韩、霍（编按：当作‘翟’）二将与乌珠兵大入。锜命清野以待，近城居民皆徙入之。先是，属邑警报至，锜下令命军士及徙入百姓，持荻煤纳于州之佛寺庑下，密遣小校碎以臼杵，囊盛而积之。数日，入者填满，勿能容。有番欲出城避兵者，因命人授一囊以归，且禁勿开视，曰：‘汝归视汝冢墓，于其井坎，四旁沟涧，遇有水，则投之。敌当不敢近。’且戒以勿泄。时出者既众，一二百里内，投者皆遍。敌以五月出兵至顺昌，涉六月，自陈蔡而来，地多瓜桃，非北人宜食。入境捕生口，散鞫之，所言人人同。汲于井间，得渗末。敌暗曰：‘吾固疑吾军多腹疾耳，马亦多毙，盖锜寘毒于水也。’始命军士掘地而饮，遇天雨则以林（编按：当作‘杯’）勺承以饮马。人马燥渴，皆欲速战，故锜得因城守以破之。”

> 六月一日，金贼尚留旧寨。有擒到女真及汉儿（按：即汉人役属于金者）云：已遣银牌大使驰往东京，告急于四太子（按：即兀术）矣。初二日，贼立寨城东，地名李村，去城二十里。以精锐五百人夜出劫之。乡导者引军官直至中军，以枪撤去毡帐。有一披甲者疾呼曰：“留得我即太平！”竟为官军所杀。是夜阴晦欲雨，时电光所烛，但见秃头辫发者，悉皆歼之。其杀伤比之前日两战为最。

《汪书》：“刘某遣骁骑将阎充夜劫三路都统寨，正中中军，连破五寨，见毡帐数重，朱红美车。有虏酋急披甲呼曰：‘毋杀我，留我则太平！’军士不听，即杀之。其余不及披甲，因乱击杀数百人，相枕藉死者莫知其数。由此虏惊，昼夜不敢下马，惟于马上寝食而已。”

据《本传》，第一次夜袭后，“金兵退十五里。锜复募百人以往。或请衔枚，锜笑曰：‘无以枚也。’命折竹为䈂，如市井儿以为戏者，人持一枚以为号，直犯金营。电所烛则皆奋激，电止则匿不动，敌众大乱。百人者，闻吹声即聚。金人益不能测。终夜自战，积尸盈野。退军老婆湾”。

此事《杨录》及《汪书》皆不载，可疑。

> 初三日，战士归城，亦以捷状奏闻。初四初五日，金贼相持如初。伏兵擒到女真，具道杀伤甚多，且乏粮食。有建议者，愿乘此屡捷之势，顺流乘舟以全。太尉乃会诸统兵官于西门上，酌酒而誓曰：“今日机会，天造地设。况以屡挫贼锋，军声稍振。虽贼与官兵多寡不侔，然业已至此，可前进不可退却。贼营去城三十里，而四太子又领重兵来援。万一诸军遽舍顺昌，不惟前功尽废，一军老小，当此仓卒扰攘，岂敢尽保无虞？贼众追袭，首尾相失，将至狼狈，大有不可言者。驯致侵扰两淮，惊动江浙，则吾辈生平报国之心，死为误国之鬼，虽万死何以谢天下？愿诸公坚忠孝心，誓与此城俱存，勿与此贼同生。此言不食，天实临之！”

《汪书》："刘某闻其（兀术）将至也，会诸将于东门上，问策当安出。诸将或曰：'今已三大战，军士夷伤者众。若兀术自至，恐势力不加，不如拥护老小渡淮。'刘正色谓诸将曰：'朝廷养兵十五年，正要一朝为缓急以用。安可见大敌而退？况老小一动，必不能全。虏骑无数十里之远者（按："者"字疑衍），若被追，老小必乱，甲士未能保，何老小以可全？不如背城一战，以死中求生，上足以报答国家，下足以取富贵。请为诸君五日内杀回兀术。'"

于是诸统兵官皆愿奋不顾身，罔有退志，齐以警戒之令，晓谕将士，人人咸欲效命，欣然待敌。

《朱子语类》一三二："刘锜顺昌之捷亦只是投之死地而后生。当时虏骑大拥而至，凡十余万。诸将会议，以为固知力不能当，然急渡江，则朝廷兵守已城自戒严，必不可渡。兼携老扶幼，虏骑已迫，必为所追，其势终归于死。若两下皆死，不若固守，庶几可生。遂闭城而守。"

初六日，太尉遂以东北门外泊舟船悉沉河底，以示死战，不为东归计。俄报四太子入泰和县，辎重前驱，已与龙虎诸酋营寨相接。连夜颍河系桥渡军马。初七日四太子至，亦与诸酋首连接下寨，人马蔽野，骆驼牛马纷杂其间，毡车奚车亦以百数。至于攻城器具来自陈州，粮食器甲来自蔡河。散遣轻骑，巡绰城下。有叩城以手揶揄曰："城里人只有一个日头里。"至晚，以前日陷阵人曹成荷团枷，赍实封文字放回。太尉得知虏贼为诡计以惑众心，不启封而焚之。

《要录》一三六："锜呼帐下曹成二人谕曰：'吾遣尔乘闲（《本传》作"间"），事捷有厚赏。第如我言，敌必不杀。我今遣骑绰路，置汝队中。汝遇敌必坠马，使为所得。敌帅问我何人，对曰：太平边帅子，喜声色，朝廷以两国讲好，使守东京图乐耳。'已而遣探骑果遇敌，二人被执，兀术问之，对如前。兀术喜曰：'可蹴此城耳。'遂令不用负鹅车炮具行。翌日，锜行城上，见二人远来，心知其归，即缒上。贼械二人，以文书一卷置于械。锜取焚之。"《本传》略同。

初八日，四太子疏责诸酋前日用兵之失。诸酋皆答以今次南朝兵马非日前比，往往以一当百，不容措手足，明日国王临阵，自可备见。盖四太子称天下兵马大元帅、越国王也。即下令曰："顺昌城壁如此，可用靴尖踢倒。来日府衙会食，所得妇女玉帛，悉听自留，男子三岁以上皆杀之。"且折箭为誓，以激其众。

《汪书》："折三箭为誓。折一箭曰：'初九日早饭于府衙。'折二箭曰：'敢过车轮之下者皆杀。'折三箭曰：'妇人财帛尽以赏军。'"

然太尉发策战争，忠义自持，仍以方略授诸将佐。顾视羯戎，逆天悖道，贪黩无厌，平时愤激，直欲气吞此贼，以谓不足忧也。

《本传》：是日"锜遣耿训以书约战。兀术怒曰：'刘锜何敢与我战？以吾力破尔城，直用靴尖趯倒尔！'训曰：'太尉非但请与太子战，且谓太子必不敢济河，愿献浮桥五所，济而大战。'兀术曰：'诺。'乃下令明日府治会食。迟明，锜果为五浮桥于颍河上，敌由之以济。"

初九日平明，四太子遂合龙虎大王及三路都统韩将军、翟将军人马还合城下。甲兵铁骑，十有余万，阵列行布，屹若山壁，旗帜错杂，大小有差。而五色旗各七面，按方分植者，中军也。而顺昌东西两门受敌，贼乃睥睨东门，濒濠待敌。太尉亦自东门出兵应之。

《汪书》："九日辰时，扣城西门索战，谓城上人曰：'你只活得一个日头。'……刘出军五千人接战，自西门转向南门，又转东门及东北角。始与虏骑往来驰逐，后直冲入虏军中。"

《圣政》二六：时"锜所部不满五万，而可出战者仅五千"。

城上发鼓，即与交锋。转战逾时，贼复大衄。四太子披白袍甲马，往来指呼，以渠自将牙兵四千策应，皆重铠全装，虏号铁浮图，又号扢叉千户。其精锐特甚，自用兵以来，所向无前，

《要录》一三六："乌珠自将牙兵三千，往来为援。"

《汪书》："其所将攻城士卒，号铁浮屠，又曰铁塔

兵。被两重铁兜牟，周匝皆缀长檐，其下乃有毡枕。三人为伍，以皮索相连，后用拒马子。人进一步，移马子一步，示不反顾。以铁骑为左右翼，号拐子马，皆是女真充之。自用兵以来，所不能攻之城，即勾集此军。”

> 至是亦为官军杀伤。先枪揭去兜牟，即用刀斧斫臂，至有以手捽扯。极力斗敌，自辰至戌，贼兵大败，遽以拒马木障之，少休。城头鼓声不绝，乃出饭羹，坐享战士，优游闲暇如平时。贼众望之，骤然披靡。食已即来，以数队趣战斗。去拒马木，深入斫贼，又大破之。

《朱子语类》一三二：“张栋（字彦辅）谓刘信叔（即刘锜）亲与他言：顺昌之战，金人十二万围了城。城中兵甚不多。刘使人下书约战日，虏人笑。是日早，虏骑迫城下而阵，连山铁阵，甚密不动。刘先以铁甲一联晒庭中，一边以肉饭犒师。时使人摸铁甲，未大热，又且候。候甲热甚，遂开城门，以所犒一队持斧出，令只掀起虏骑，砍断马脚。人马都全装，一骑倒又粘倒数骑。虏人全无下手处。此队归，以五苓大顺散与服之，令歇。又以所犒第二队出如前。杀甚多，虏觉得势败，遂遁走。后人问晒甲之事如何？曰：‘甲热则虏人在日中皆热闷矣。此则在凉处歇方出。’时当暑月也。”《语类》又有一则同记此事而略异，并摘录如下：“刘锜分部下兵五千为五队，先备暑药饭食酒肉存在。先以一幅兜牟与甲置之日下晒，时令人以手摸，看热得几何，如此数次。其兜牟与甲尚可容手，则未发。直待热如火，不可容手，乃唤一队军至，令吃酒饭，少定与暑药，遂各授兵出西门战。少顷，又唤一队上，授之出南门。如此数队，分诸门，叠出叠入。虏遂大败。”此则视前则所记似较得实。

《本传》：“锜遣人毒颍上流及草中，戒军士虽渴死毋得饮于河，饮者夷其族。敌……严阵以待。诸酋各居一部。众请击韩将军。锜曰：‘击韩虽退，兀术精兵尚不可当，法当先击兀术。兀术一动，余无能为矣。’时天大暑，敌远来疲敝，锜士气闲暇。敌昼夜不解甲，锜军皆番休更食羊马垣下。敌人马饥渴，食水草者辄病，往往困乏。方晨气清凉，锜按兵不动。逮未申间，敌力疲气索，忽遣数百人出西门接战。俄以数千人出南门。戒令勿喊，但以锐斧犯之。……士殊死斗，入其阵，刀斧乱下。……自辰至申，敌败。递以拒马木障之，小休。……食已，撤拒马木，深入砍敌，又大破之。”

无何，有误传令者，令少却，官军遂稍引后。贼众并拥逼濠，而致（官军）溺水者二百余人。而选锋统制韩直身被一枪三箭，几至溺死，赖有一虞候挟以上马而归。虞候与马皆中箭，被血淋漓，余勇尚未衰也。其余中伤稍轻可者，犹欲再出接战。

《要录》一三六："统制官赵樽、韩直皆被数矢，战不肯已，锜遣属扶归。士殊死斗，入敌阵中斫以刀斧，至有奋手捽之，与俱坠于濠者。敌大败，杀其众五千。"

是日西风怒号，城土吹落；尘霾涨天，咫尺不辨。贼毙尸倒马，纵横枕藉，掩入沟壑，间及堕井者，不知几何。旗号器甲，火麻苇竹山积。方其接战时，郦琼、孔彦舟、赵提刀等

《汪书》作孔彦舟、赵荣等，《要略》一三六同。

皆单骑列阵外。有河北签军告官军曰："我辈前是左护军，本无斗志。所可杀者，止是两拐子马。"

按“两”字下脱去“翼”字，《要录》并同此误，遂不可通，今据《本传》校补。

> 故官军力为破之。皆四太子平日所倚仗者，十损七八。当其败衄时，城上见有官军归城，军马自塞而北，复渡河而去。贼初涉濠，耀兵张势，云吓城。既而官军归城，直欲夺取钓桥，望城放箭。箭落如雨，至有用响箭与窄柳箭者。城上悉以破胡弓及神臂弓临下射之。人马自退，从东而南，转而之西，连亘西北。薄城而营，长十五里，阔十余里。

《汪书》：“血战自辰至申，虏乃败走。……刘亦敛兵入城。兀术大怒，亲拥三千余骑直扣东门射城上人，（矢）着城上炮架皆满，又被城上军以劲弩射走。兀术既大败，乃移寨于城西……自西南至西北约十余里。”

> 至晚发雷（按：谓敌营中发声如雷），声振山谷。（《本传》作“每暮鼓声震山谷”，点窜之误。）父老皆言是生以来未之或闻。然贼营中嗥呼喧哗，自夜达

旦。时有金人傍城属耳以听，城中肃然，鸡犬无闻。以是自见胜负之兆。四太子帐前以甲兵环卫，持烛照坐。贼徒皆分番假寐马上，深惧官军夜击之。至初十日，大雨倾注。贼于营外埋鹿角栅，栅外开小濠，深阔各五尺许。正尔督工，雨亦稍止。太尉出百余骑挠之，贼众悉皆挂甲挽弓以护。雨后大作，官军劫之，昼夜不得休息。

《要录》一三六："是夕大雨，平地水深尺余。锜遣兵劫之，上下皆不宁处。"

十一日早，贼发雷，听如昨日。

此次与前次之发雷，盖皆以火药造成之轰炸声。是时金人已有火药，而尚无火炮。

太尉遍诣诸营，抚劳官军，及安慰中伤之人。盖家至户到，人人皆得其欢心，且虽被伤中，犹欲抵死报答太尉。俄报四太子作筏系桥甚急（原注：金人到此，日给炒麦数合，疲困已极，皆思北归），至晚不辍。抽摘人马过河，然不复发雷声，只击锣数声而已。十二日早尚立炮架，置推牌，斤斧不绝，虚立旗帜，以疑城上。盖缘颍河暴溺，冲激桥筏，人马数十随亦被溺，遂复系桥，连夜以济。两日之间，收集尸首，随处焚化。至有数十人作祭者，亦有烧半残者。或入颍河为水漂泛，或半为鸟鸢所食，杂以马尸牛头弥望遍野。及晚，拔寨尽走。即具解围奏闻。贼营中炮架、推牌、云梯、拒马木、败甲、破车，积堆如山。弓、刀、枪、槊亦委之而去。然犹有潜匿山林间以向袭，至十三十四日，悉出境上复合於陈州。四太子反怒三路都统，韩、翟二将军，人以柳条挞之数十下。如千户毛可等皆挞之百十下。

《汪书》：“虏自言入中原十五年，尝一败于吴玠，以失地利而败。今于刘某，以战而败。疑是外国借来人（天？）兵。兀术至泰和，因复气疾，黄肿下血。居县门楼，临两日。至淮宁府，龙虎者始敢献言，以为不当南来，亦犹南人深入我地。兀术怒诸酋之败，挞韩将军九十柳条，翟将军八十柳条，其余或一百或二百，哭声彻天。韩将军颇出怨言，曰：‘我只为你于和尚原坏了。’”

寻以三路都统守南京，韩将军守颍昌，翟将军守陈州，四太子、龙虎大王各以所辖人马同之东京。初，龙虎与诸酋既败，遣银牌天使告急于四太子。天使才到，就龙德宫见之。得报，即索靴上马出门。告报士卒，顷刻而集。经由陈州一宿，措划战具粮食而行，自东京至顺昌往复千二百里，首尾不过七日，何其神速如此。而太尉在围城时，奏求援于朝，得报，差行营左护军统制王德躬率全军来顺昌策应。

《要录》一三六："上命淮西宣抚使张俊遣德以所部授刘锜。俊既不乐锜，而德复惧拨隶刘光世军，迁延未行。建康留守叶梦得谕德曰：'朝廷颁赏格，能立奇功者，使节度使，皆即军中书告，旧未闻也。且刘锜名素出君下，今且奋身报国。君能救锜，则可谓奇功矣。'德遂行。"

十四日

《要录》一三六引郭乔年《顺昌破敌录》作十二日。

金人既退之后，王德方且以移文来，问贼势动息。至二十三日卯时，以数千骑至城下，太尉邀入具饭。

饭已，则卧憩于子城楼上，至申时即出门。乃遣人致意曰："不果奉别，今且复回。"又报，数日，传闻德申枢密院："某已解顺昌围矣。"方金贼在城下，得递到御笔：刘某择利班师。

《要录》一三六："兀术之未败也，秦桧奏俾锜择利班师。"原注："此据郭乔年《顺昌破敌录》修入。乔年云递到御笔云云，其实宰相听拟也。"

太尉以方御敌，未敢轻为进止。既且贼退，十日后，又被旨："先发老小往镇江府驻扎。"遂津遣老小辎重，并被伤将士，船载而行。以左军统制杜杞、右军统制焦文通两军防护东下。俄闻王德申宣抚司云："某以全军裹送刘太尉老小出颍河矣。"其诞谩皆类此。敌国相去未远，万一事或蹉跌，为害不细。然太尉恬若无闻，未尝略介怀也。顺昌古城，且素无备，迨兹贼已来，陈守始令居民筑牛马墙。（《本传》作"羊马墙"，义同，谓墙高可遮牛马或羊马者也。）贼既退，方置炮座，比之军中（军上脱"敌"字）所放炮，争五十步先。军中令牌：每遇出战，除守御人外，非带号挂甲者，不得登城。虽顺昌官军土豪不许预分毫事。城中居民各阖户守家，内外肃静，无有犯者。

《汪书》：“有王山者，兀术之（之字衍）旧用知顺昌府，至是携来，欲令再守顺昌。……刘某自金贼犯顺昌，见陈、蔡以西，皆望风投拜，又见……王山在城下，恐城中苟求性命，有卖我于外者，更不敢用顺昌府官吏军民充守御。既分兵于城上，又分其兵于城中，逐巷口摆列。每遇令牌一过，即百姓寂无一人敢出户者。”

初破金贼，陈守送到煮酒十数石，门首犒劳战士，一杯而已。再战退贼后，市户以面六千余斤、猪百口来献，随即分付诸军，人不得面半斤、肉数两。至第三战，太尉不免谕陈守略与犒劳。官军但各人给粟米一石。及赴仓请之，有止得蛀麦五斗者。其间不愿请者甚多。

李心传曰：“按（陈）规守顺昌，正当金人根括钱帛之余，朝廷蠲免租税之始，未及一岁，而战士二万不致乏粮，斯已难矣。若责其厚赏犒军，恐无此理。”（见《要录》

一三六）按陈规则为南宋初期殊不可多得之贤吏与名将，《宋史》有传。而此录对之多诋諆，心传之解辩甚久。此录篇首言其主弃城，未必非当时因怒其赏薄而生之蔑词也。

> 事定，陈守先具奏，乞推本府官属守城恩赏。且言措置守御，贾（编按：当作“鼓”）率将佐，犒赏战士，遂至成功。虽太尉依应保明奏闻，将士颇皆不平。

《要录》一三六，闰六月十六日，“知顺昌府陈规充枢密院直学士，录守城之劳也。既而规言：‘敌人败盟，臣仓皇措置，数日之间守具略备。而刘锜将士，每出每捷，致敌不敢逼近府城。此皆锜之功，臣何力之有！望追寝成命。’诏不许。”规非争功之人明矣。

> 方围城时，太尉晓夜城上，寝食皆废。阅月之间，略不以家事经意。故能激励军心，皆为之用。遇临敌，则躬亲鼓旗，贾（编按：当作“鼓”）作士气。先下令不得斫级夺马，及掠取一物一件。至有效命如游奕统领田守忠、中军正将李忠之徒，恃勇深入，率皆手杀数十人而后死。悉取前后阵亡将士，凿土埋瘗，作大冢，傍作屋数

间，命僧主之，作水陆道场。以至资荐，仍复存恤其家种种。顺昌北门外初有居民瓦屋数十间，

《要录》一三五作“数千家”。

恐为贼窠，前期爇之。贼退，即访元主，酬以价值。自始及终，无毫发扰民者。城门四启，每得奸细，即审问。情状详悉，而众所不容者，抵之。遣回使（此处有讹夺），未尝轻戮一人。虽金贼亦谓：“自过南朝来十五年间，无如此战，必是外国起鬼兵来，我辈莫敢当也。”

吕中《大事记》：“洪皓、燕山之奏，谓顺昌之役敌震惧丧魄，欲捐燕以南弃之。又谓敌已厌兵，朝廷若乘胜进击，再造犹反掌耳。”（《要录》一三六注引）

后以生擒到女真阿赫杀并契丹等五十余人解赴阙下。前项有妨功者，移书权贵：“顺昌城下无金贼，止是两河与诸路签军耳。”顾虽力诋，奈此公议何。太尉初领兵不满二万。当其围城时，城上备御，及防护老小营寨，遇敌则又把路捉巷，至于子城仓库等处皆分兵守

之，其实出战之士不过五千人，当十万余众。

《汪书》作“约十五万”，《要录》一三六作“凡十余万”，前引《朱子语类》作“十二万”，《本传》作“数十万”。

自非明于料敌，果于制胜，安能以应不虞之变？韩文公作《裴相平淮西碑》所谓“凡此蔡功，惟断乃成”者，某于太尉亦云。

自捷奏到，朝廷宠以鼎州观察使，

《要录》一三六：六月“戊申（初五日）、龙神卫四厢都指挥使、济州防御使、东京副留守刘锜为鼎州观察使，枢密院副都承旨，沿淮制置使”。

再被制命，建武泰节钺，

《要录》一三六，同月“庚午（二十七日）……刘锜为武泰军节度使，侍卫亲军马军都虞候。前一日，上谕大臣曰：‘用兵之际，赏罚欲明。锜以孤军挫敌锋，乌珠遁去。其功卓然。当便除节钺。’即日降制”。

皆恳辞至于再三，不欲先战士而被赏。继而王人踵至，使者沓来，抚问宠赉，优渥有加，

按内侍陈腆劳军刘锜于顺昌，锜以例书送银五百两，例外又以六百五十两遗之，腆不以闻。后发觉，送大理寺治罪，事在七月丙辰。详《要录》一三七。

宸翰奖谕，且有“卿之伟绩，朕所不忘”之语。咸谓主上酬报非常之功，夐出前此。仍降告身千百轴，俾就军前书填，随即缴纳，以谓不若自朝廷给之为荣。累得旨索本军功状。校定两日，方得具奏。盖缘节次出战，更番守御，分别功过，不容或差。至闰六月二十七日，准安排全军功赏，逐队列单，申姓名，一一核实。

按是日以刘锜兼权知顺昌府，陈规知庐州。详《要录》一三六。

统兵官立功者，以前降到金带及金碗赏之；其有

> 过者，则面疏其失，劳绩亦减。将佐立功者，以金带及金碗赏之；其有过者，则杖责之，降而入队。至于战士，悉以前后所赐银二十万两、绢二十万匹，第功赏之。

《要录》一三六："遂以犒军银帛十四万匹两均给将士，军无私焉。"

> 初，田守忠、李忠辈陷阵，本军将佐不即救援，亦皆免死而被责，其能致力策应者仍给赏。且出钱千缗，揭榜许军中论告，有侥冒战功者，按以军法。如阵殁之家，亦各优厚周恤。斯又见太尉信赏必罚，出人意表如此者。
>
> 某随轩而来，偶遭虏寇。迨兹平宁，敢以围城前后所见，叙为纪实。笔墨荒涩，甚无文采。且将过江，贻诸亲旧。

按据此，则本录乃撰于杨氏随军渡江南归之前。考《要录》一三七，锜以是年九月还至江南太平州。是本录至迟当选于九月之前也。

至于解严之后，以迄班师，述事赞功，当俟大手笔者。

《圣政》二七：绍兴十一年（1141）正月，高宗谓大臣："朕于诸帅，听其言则知其用心，观其所为则知其才。人皆言刘锜善战，朕谓顺昌之胜，所谓置之死地然后生，未为善战也。锜之所长，在于循分守节，危疑之中能自立不变，此为可取。"

第五章　蒙古的兴起与金宋的覆灭

附一　端平入洛败盟辨

端平（理宗）元年（1234），夏，宋既助蒙古灭金。遂遣赵范帅师收复三京（宋以汴为东京，洛为西京，应天府即今商邱为南京，大名为北京。所谓三京，即前三京也）。至洛阳，蒙古拒之，宋师溃。自是宋与蒙古失和。《宋史·贾似道传》云，先是宋将“孟珙帅师会大元兵共灭金，约以陈蔡为界”，故“大元追兵……问（赵范）曰：‘何为而败盟也？’”（此事不见本纪或《孟珙传》，大奇）据此则三京之取，曲乃在宋。是时宋宰相为郑清之。钱大昕论此役曰：“横挑强敌，两京卒不可复，而元兵分道来侵，蜀土失其大半，并襄阳亦弃之。宋之失计误国，未有如清之者也。史家以其召用真（德秀）、魏（了翁）二儒，谀之曰‘小元祐’，而绝不言其开边蹙地之罪，可谓信史乎？”（《十驾斋养新录》八）赵翼亦以此责宋不能“坚守信誉”“至起衅召侮”（《二十二史劄记》二六）。予读史至此，有大疑焉，窃谓败盟之说乃蒙古人莫须有之辞。《宋史》修于元人（《贾似道传》大元大元云云，特显元人口气），回护本朝，不免以虚为实，而钱、赵以恶理学故，于郑清之预存成见，遂易受《宋史》之欺也。何以言之？理宗绍定五年（1232）十二月蒙古与宋互遣使臣议夹攻金，其间不能全无协定。何以《宋史》于此不道只字，一若两方于灭金后战利品之分配，全不介意也者？衡以尔时宋人“收复失地”之国是，此为不可想象之事。据《宋季三朝政要》（卷一），蒙古约宋攻金之日实曾许以河南归宋，何以《宋史》不之载？显然其事为后来蒙古人所不欲重提也。顾何以蒙古人不欲重提之？此其一。端平入洛之师距绍定夹攻之约，才一年半，其间宋未尝受挫于蒙古，亦未尝受其任何恫吓，抑且未尝与有违言。何以昔求收复河南，今忽退让至陈蔡为界？此其二。孟珙乃出征之将，非奉使之臣，以何权力，以何理由，而能擅改旧约？此其三。孟珙为南宋希有智勇兼备之名将，一生为国血战，终于为国而死，是人绝无甘心或被迫卖国之可能。此其四。

明乎陈蔡为界之约之乌有，则知端平入洛之师，在宋实有条约之依据，而蒙古之迎击，却为违约之举。顾《宋史》反以遗约之罪加于宋。史笔操于易代异族之手，颠倒黑白，何所不至？是在读史者之善察焉耳。

（原载《大公报·史地周刊》第112期，1936年11月20日，署名“素痴”）

附二　《宋史·兵志》补阙

一

北宋之兵，据《宋史·兵志》，为类有四：

1. 禁军　天子之卫兵，以守京师，备征戍；

2. 厢军　诸州之镇兵，以分给使役；

3. 乡兵　选于户籍或应募，团结训练，以为所在防守；

4. 蕃兵　具籍塞下，团结以为藩篱之兵。蕃兵即边境之乡兵，似宜并入乡兵类。惟蕃兵以接近外敌，训练较为认真，又不时有临阵经验，其战斗力远非此外之乡兵可比，故当别立一目。

《宋志》而外，记北宋兵之分类者有宋祁（《景文集》四五）之《〈庆历兵录〉序》（《庆历兵录》乃枢密副使丁度所撰，今佚）。宋祁所记，比《宋志》添出役兵一类，而下其界说曰：“群有司隶焉，人之游而惰者入之，若牧置，若漕挽，若管库，若工技，业壹事专，故处而无更。”《宋志》撰者盖根本不认此类为兵，故略去。又祁《序》无乡兵、蕃兵，而有民兵。其下民兵之界说曰：“民兵，农之健者而材者籍之，视乡县大小而为之数，有部曲，无营壁。”所谓民兵盖略等于乡兵，惟乡兵包佣募者，而民兵不包耳。祁《序》之分类有一点视《宋志》为优，以其厘别佣募之兵（禁兵、厢兵、役兵）与征派之兵（民兵）也。

合观《宋志》与祁《序》之分类，可以见南宋兵制之渊源。

厢兵及边境以外之民兵（或乡兵）在北宋已成为战斗力上可忽略之原素，故虽至南宋犹存，当时论兵者不数焉。

在南宋中叶，叶适尝列举当战斗之兵，除都城之禁兵外，有四类：

1. 边兵；

2. 宿卫兵；

3. 大将屯兵；

4. 州郡守兵。

此时所谓边兵与北宋之蕃兵，从名称观之，似为一类，实则大异。从前之蕃兵乃“因其地，练其民，不待内地之兵食而固徽塞”者。此时之边兵，则全是政府所供养之募兵。所谓宿卫兵（与禁兵不同），从前（大约在南宋初）乃“因都邑所近之民，教成而番上，与募士（即禁兵）杂，国廪其半，而不全养也”，至此时则成为全由政府给养之募兵。大将屯兵乃长驻要隘之募兵。州郡守兵者“昔之（驻防）禁兵消尽，而今募其人，名之曰禁兵也”。以上皆据叶适所记（《水心别集》十一，《兵总论》一）。

观叶适所记，可见宋代兵制之一大变迁，即在北宋为募兵与征兵并行制，其后渐变为纯粹募兵制，至南宋中叶，此变迁已完成，募兵全由官府给养。因部份征兵制之消灭，而国家军费之担负大增。此重要消息，《宋志》全不泄露。

二

南宋军队究有几何？自然此数目非固定者。

据《宋史·兵志》六，南渡以来兵籍之数：

在绍兴十二年（1142）为二十一万四千，

在绍兴廿三年（1153）为二十五万四千，

在绍兴三十年（1160）为三十一万八千，

在乾道三年（1167）为二十二万三千。

此下《宋志》不详。今勾稽宋人文集，稍补其阙。

约当孝宗、宁宗间，倪思（据《南宋文范·作者考》，倪思乾道二年（1166）进士，后以忤史弥远罢官）对策言："今以天下之兵籍略计之，行都之宿卫，沿流（长江）之驻扎，州郡之分屯，无虑七八十万。"（《南宋文录》九）约略同时，杨冠卿（据《四库》本集提要所考，冠卿当孝宗淳熙五年（1178）四十岁）撰《省兵食说》，则谓："今日之兵仰给大农者亡虑百万。"而其后叶适亦谓："（今）竭国力而不足以养百万之兵。"（《兵总论》一）故在南宋中叶，中国之兵，但就中央政府给养者计，已及百万。然其后尚有增加。据《宋史·兵志》七，度宗咸淳九年（1273），贾似道疏云："景定元年迄今，节次招军，凡二十三万三千有奇，除填额，创招者九万五千。"此乃理、度两朝内之事耳。其前宁宗末年韩侂胄开边，兵额之增当不少，虽其确数不详，然观王迈论此事，谓"蜂屯蚁聚，扶携来归……辇安边（按：指安边所）之财以给之，惟恐不赡；航东南之粟以饷之，惟恐失期"（《臞轩集》一），亦可概见。

北宋兵额最多之时，为仁宗庆历朝，总一百二十五万余。由上所考观之，南宋在亡国前夕之兵额至少当与此数相埒。当南宋初叶，李纲尝言："户部岁入无（北宋）承平时三分之一。”（《南宋文范》一四，李纲《论财用劄子》）后纵开源，以幅员所限，税收当亦无法过北宋之半。以不及北宋一半之税收，养北宋最高之兵额，南宋国家安得不破产？

理宗端平二年（1235）乙未（元兵入临安前四十年），馆阁考职策问有云：“今国家罄一岁所入，曾不支旬月，而又日不辍造十数万楮币，乃仅得济。”南宋亡国前夕之财政状况，此语尽之矣。

顾理财者虽苦军费之重、兵数之多，实际负军事责任者又苦兵数之少。端平初，魏了翁已言：

> 蜀中诸军旧管九万八千，马二万。嘉定核实（谓裁虚额），裁为八万二千，马八千，则气势已不逮昔矣。近者更加核实，官军才六万余人，忠义万五千，而其间老弱虚籍者又未可计。是以五六万人当□（中阙一字）千七百里之边面，众寡强弱，此盖（不？）难见。（本集十九）

其后宝祐四年（1256），文天祥亦言：

> 自东海城筑而调淮兵以防海，则两淮之兵不足。自襄樊复归，而并荆兵以城襄，则荆湖之兵不足。自腥气染于

汉水，冤血溅于宝峰，而正军忠义空于死徙者过半，则川蜀之兵又不足。江淮之兵又抽而入蜀，又抽而实荆，则下流之兵愈不足矣。荆湖之兵又分而策应，分而镇抚，则上流之兵愈不足矣。夫国之所恃以自卫者，兵也，而今之兵不足如已，国安得而不弱矣！扶其弱而归之强，则招兵之策今日直有所不得已者。然召募方新，调度转急，问之大农，大农无财；问之版曹，版曹无财；问之饷司，饷司无财。自岁币银绢外，未闻有画一策为军食计者。（本集三）

一方面不胜军费之负担，一方面感觉兵不敷用，所以然者，南宋军队大部分腐化也。此事略具于予所撰《南宋亡国史补》（《燕京学报》第二十期），今不赘。

三

除兵不敷用之感觉外，尚有一事使裁兵在当时为不可能者：宋以军队为失业游民之尾闾。自其祖宗以来，即视此为潜消反侧之妙法。此政策之需要，在南宋犹不减。南宋初，吴儆（绍兴二十七年〈1157〉进士，淳熙十年〈1183〉卒，据本集附传）尝奏言：

臣窃见朝廷平时以募兵为急，而应募者少。今岁正是募兵之时，而未闻广募，臣不知其故何也。臣闻饥岁莫急于防民之盗，而防盗莫先于募民为兵。盖饥困之民，不能为盗，而或至于相率而蚁聚者，必有以倡之。閭里之间，桀黠强悍之人，不事生业，而其智与力足以为暴者，皆盗之倡也。因其饥困之际，重其衣食之资，募以为兵，则其势宜乐从。桀黠强悍之人既已衣食于县官而驯制之，则饥民虽欲为盗，谁与倡之？是上可以足兵之用，下可以去民之盗，一举而两得之。孰有便于此者？（《吴文肃公集》一）

同时范浚亦言：

今日召募可以安未难（此字疑衍）动之寇也。何以言之？江浙之人，传习妖教，旧矣，而比年尤盛，绵村带落，比屋有之。为渠首者，家于穷山僻谷，夜则啸集徒众，以神怪相诳诱，迟明散去，烟消鸟没。究之则鬼迹，捕之则易以生事。根固蔓连，势已潜炽。其人类多奸豪，拳勇横猾。不及此时因召募而收用之，以消患于未萌，臣恐吴遽未必跳梁于今，而张角、孙恩决复响动于后也。且奸豪横猾之人，居心好动，殆非莳桑秉耒、低首安作为良民者。譬之修蛇巨蝎，取以备药物，或能已疾蠲病，苟弃不用，日以滋息，则缘墉肖屋、螫人而肆其毒必矣。故臣愿因召募而收用之，亦已时病之细术也。（《范香溪文集》十四）

其后卫博（光宗、宁宗间人，与朱子同时）更从失业之来源上推论继续募兵之不容已，其言曰：

比年以来，富家大室擅兼并之利，诛倍称之息，械系设于私室，椎剥尽于肤髓。贫民下户，仇之到骨，诪张怨詈，所不堪听。顷在田间，实所亲见。当知幸乱之众，何止曩昔起于贫穷而狃于轻剽者？虽然，若此之民，所在而有，未必皆能特起。至于徽、严、衢、婺、建、剑、虔、吉数州，其地阻险，其民好斗，能死而不能屈，动以千百为群，盗贩茶盐，肆行山谷，挟刃持梃，视弃躯命与杀人如戏剧之易、饮食之常。异时有司之所不敢呵问。其贪暴残鸷之心，特未有以发之耳。使其时有可乘，事有所激，奋臂一呼，正在此辈，尤不可以不察。当是之时，朝廷能忘内顾，专志外侮乎？然则于今之计，莫若检举往年忠义巡社乡兵弓手之制，别行讨论，厚立赏格，多为爵级，多给告命，州委之守，县委之令，劝诱豪民，纠合乡里应募之士，奸民惰卒、亡命废锢之人尽得出于其间。其愿保乡里者为一将，其愿卫边者则为一将。明谕之以不刺面，不涅手，事已则复归田里。为之纠合者及几人，授某官；满岁无过，增某秩；有克获者，受某赏。其在募之士，爵几级，赏几等，皆当倍于弓兵赏格之旧。训之以坐作，齐之以等级，纠之以主率，居可以备他盗、保桑梓，行可以补卒乘、助边防，无向来椎剽啸聚之虞，而良民有得安田里之幸，一物而三善从之。（《定庵类稿》四）

夫国家方恨未能扩张军额以容失业无产之民。若语以裁兵，岂非以方枘入圆凿？

既不能裁兵，又无法养兵，此南宋之所以不得不束手而待毙也。

（原载《中国社会经济史集刊》第5卷第2期，1937年6月）

附三　南宋亡国史补

《宋史》向以芜秽著称，其记易代事尤多遗憾。盖新朝之讳饰既所不免，而宋季史材，本不完备。据元初苏天爵言："《理宗日历》尚二三百册，《实录》纂修未成，国亡仅存数十册而已。度宗日历残缺。……度宗、卫王、哀帝，皆无《实录》。"（《滋溪文稿》卷二《三史质疑》）《宋史》仓卒成书，疏于搜补。（钱竹汀尝言，《宋史》纪传，南渡后不如东都之有法，宁宗以后又不如前三朝之粗备。微特事述不详，即褒贬亦失其实。）易代之际，又无如万季野其人者，以毕生心血，付于故国文献。今简料丛残于七百年后，钩沉拾佚，抑何能多？虽然，绍定、端平之年，吾惧将及身而遭之矣。详考旧迹，以为殷鉴，抑何能已？作《南宋亡国史补》。

上　宋季之军备

宋太祖惩唐末五季之弊，外召藩镇以还京师，别遣文臣以为牧守。然捍边之臣，则久其考任，假以事权，固不与内郡同也。未几而初意渐失，并、汾、闽、越甫平，江淮诸郡已令毁城隍、销兵甲矣。淳化、咸平，距建隆不过四十年耳，盗发两川，惟陵、梓、眉、遂有城可守。濮盗作于近辅，如入无人之境。王禹偁自黄冈上疏，极陈江淮空虚之害，至谓“名曰长吏，实同旅人；名为郡城，荡若平地。”富弼论江、浙、荆、淮、湖、广诸道，亦谓处处无兵，城垒不修；或数十夫持钽耰白梃，便可尽杀守令，开府库，谁复御者？至宝元、康定以后，有事西边，则内地武备之削滋甚。五年间，盗杀巡尉至六十员，入城剽劫者四十州。王伦起沂，并淮，渡江，历数千里无一人御之。张海等辈剽吏御人于京、淮、湖、陕间，州郡莫敢谁何。金州盗作，连召州兵，仅有二十四人。然是时，郡国犹有不会之财、留州之缗，可以为招兵缮城之费，可以应一方缓急之需也。熙宁以降，括州郡财利以富中枢，州郡之军备日坏。一旦盗起东南，连跨州郡，震摇汴都，久而后殄。更当新造之金，非拱手死难，则望风弃城。盖自建炎四年（1130）以前，惟知敛兵避敌，未尝有敢与之抗者。逮渡江航海，金人相迫不已，然后兵刃稍接，不数年而议和之使遣矣。绍兴之末，虏闯淮薄江，既迫而后应之，士气稍伸。然犹不敢尽用其胜。宁宗之世，承平日久，吴曦盈尺之纸，足以惊奔列雉；李元励乌合之众，足以震扰三道；张福千人之众，足以披靡群辟。金人闯梁、洋、三泉，窥蕲黄五关，如升虚邑，此皆强干弱枝之弊也。南宋初年，李纲尝欲分长安、襄阳、建康为三都；胡舜陟尝欲析三京、关陕为四巨镇；张守尝欲以大河州郡，仿唐藩镇，付之帅守；范宗尹尝欲分画诸镇，更不除代；李弥逊尝欲假帅守事权，以销奸宄，策皆不行（《魏了翁集》十五）。宁宗嘉定七年（1214），起居舍人真德秀请"于近臣中择其更事任、熟军情、威望素孚、文武兼备者二人，一于襄、汉，一于两淮之中，建立幕府，财许移用，官许辟置"以重边守。时狃于承平，不报（《真德秀集》三）。十五年，知潼川府魏了翁被召入对，请于江南、两淮、荆襄、四川四镇，慎择守将，"听其所为，勿从中制。本道官吏惟其所辟置，要害之地守令可以委任，责成则久其考任而就加爵秩焉，省部皆毋拘以文法也。财赋得以专其出入，他司不得尚循旧比以掣其肘也。军籍得以核其虚实，戎司不得掩虚额以自丰也。屯田当复，民兵当核，忠义当招，皆可以随宜经理也。规模既立，则如国初守边之臣，或十七八年，或十四五年，或八九年无所改易可也”（《魏了翁集》十五，参《宋史》本传）。宁宗颇嘉了翁言，然值史弥远当国怙权，无所更革。故其后三十七年，当理宗开庆元年（1259，元兵入临安前十七年），文天祥上封事，又有“仿方镇以建守”之议，略曰：“祖宗矫唐末五代方镇之弊，立为郡县繁密之法，使兵财尽关于上，而守令不得以自专。昔之擅制数州，挟其力以争衡上国者，至此各拱手趋约束，卷甲而藏之。传世弥久，而天下无变。然国势由此浸弱，而盗贼遂得恣睢于其间。宣、靖以来，天下非无忠臣义士强兵猛将，然各举一州一县之力以抗寇锋，是以折北不支，而入于贼。中兴之臣，识循环救弊之法，盖有建为方镇之议者矣。失此不图，因循至今日，削弱不振，受病如前。及今而不少变，臣不知所以为善后计矣。今陛下命重臣建宣阃，节制江东西诸州，官民兵财尽从调遣，庙谟渊深，盖已得方镇大意矣。然既有宣阃，又有制司，既有制置副使，又有安抚副使。（按：宣阃即宣抚使，‘掌宣布威灵，抚绥边境，统护将帅，督视军旅之事’。制司即制置使，‘掌经画边鄙之事’。安抚使‘掌一路兵民之事，皆帅其属而听其狱讼，颁其禁令，定其赏罚，稽其钱谷、甲械、出纳之名籍，而行以法’。南宋以文臣为安抚使，武臣一员为之副，以上均据《宋史·职官志》。）事权俱重，体统未明。有如一项兵财，宣阃方欲挪移，诸司又行差拨。指挥之初，各不相照，承受之下，将谁适从？今日之事，惟有略仿方镇遗规，分地立守，为可以纾祸。且如江西一路，九江、兴国、隆兴与鄂为邻，朝廷既倾国之力以赴之，姑所不论。惟寇之至湖南者，已宿堂奥，此外八州，其措置不容苟简。八州之中，庐陵、宜春最当冲要，虏之为兵，其法常有所避。避八桂则出清湘，避长沙则出衡阳。今宜春见谓有兵，惟庐陵犹此无备。舍坚攻瑕，弃实击虚，虏既以此为得策，则夫避宜春而趋庐陵，其计将必出于此。州县之事力有限，守令之权势素微。虏至一城则一城创残，至一邑则一邑荡溃，事势至此，非人之愆。若不别立规模，何由戡定祸乱？臣愚以为莫若立一镇于吉，而以建昌、南安、赣隶之；立一镇于袁，而以临江、抚、瑞隶之，择今世知兵而有望者，各令以四州从事。其四州官吏，许以自辟。见在任者或留或去，惟帅府所为，去者令注别路差遣。其四州财赋，许以自用。自交事一日始，其上供诸色窠名，尽予帅府，交事以前见未解数目，亦许截留。其四州军兵，见属伍符者必寡弱而不振，见行团结者必分散而不齐，许于伍符团结之外别出措置，收民丁以为兵。彼一州之紧急者，得三州稍宽缓之力以为之助；三州之宽缓者，得一州当其紧急而无后忧。不出二三月，如吉如袁，其气势当自不同。仿此而行之，江东、广东无不可者。”（《文天祥集》三）书上，不报。

内重外轻，而守御之权不集，此宋季军政之一大弊，迄于亡而不变者也。

其次，则军纪之败坏。宁宗嘉定七年（1214），起居舍人真德秀论之曰：“今连营列戍，虚籍不填，老弱溷殽，教阅弛废，衣廪朘削，憔悴无聊。荆、淮所恃义勇民丁，而团结什伍，反成绎骚，无以作其超距翘关之勇。东南所长者，舟师战棹，而绘画图册，徒事美观，而未尝习以凌波破浪之技。……掊敛成风，而士卒之怨弗恤，忌克成习，而偏裨之长莫伸。”（《真德秀集》三）十三年，德秀既出知江西隆兴府，又言：“自视事以来，讲求军政本末，乃知州郡禁卒多以供工匠、备厮役。事艺未尝练习，教阅只为具文，则兵不足以为兵矣。有副总管，有路钤，有路分，又有州钤，有将副，下至都监、监押，皆以主兵为职，而未尝知兵。问其得官之由，或宗戚，或阁门，或国信所，或堂部吏。其间岂无可用之材？要于将略鲜曾闲习，或习文墨以自喜，或矜富贵以自娱，甚者阘茸废放，无所不有，则将不足以为将矣。

兵不足以为兵，将不足以为将，则帅之为帅，是亦具员而已矣。”（《真德秀集》九）理宗即位之元年，德秀解湘南安抚使任还朝（寻擢礼部侍郎直学士院），其奏陈各地将帅之剥削士卒，言尤痛切，曰：“诸道总戎之帅，训肄不勤，而掊克是务。自偏裨以至士卒，其家赀稍厚者，必使之治货财，非优之也，盖幸其负课而掩有也。其廪给稍丰者，必以之供役使，非亲之也，盖利其捐金而求免也。军中相语，以酒垆、药局为藉赀产之娣媒，谓当其事者必不能白免也。回易、房廊为陷子孙之坑阱，谓其身虽死，而监督至于无穷也。主帅剥偏裨，偏裨剥队伍。有日给千钱而不足衾絮者，有月廪数斛而不饱糟糠者。以此饰苞苴，以此买歌舞，于是乎兵贫至骨矣。”（《本集》四）先是，宁宗末年，魏了翁对策亦言：“国家休兵四十余年矣，旧臣宿帅日替月零，骄将骙夫久靡廪稍。未尝有横草尺寸之功，而高官厚禄，宠异逾等，不复有功名之望。剥下媚上，背公首私，升差夺于货贿，拣汰挠于请嘱。庸者有输假贷子钱者，有输每旬宣限帮给银会，或以铁钱兑给而规其倍称之息，戍兵之愤惋不恤也。市刍草以给战骑，往往抑配均备，而千没其四分之三，将队之怨嗟不问也。甚者收房廊、掌回易、置簰筏、建第宅。古人之所与同甘苦者，今

役使科抑几同奴隶。方时晏安而专事朘削，士有离心而无斗志，万一有犬吠之警，则忧不在敌而在我矣。”（《魏了翁集》廿一）

非惟州郡之兵不可用，即禁卒亦同虚设。端平初，魏了翁奏言：“异时江淮有警，或出禁旅以为声援。今也殿步二司久为庸奴所坏，平居则冒虚籍，有急则驱市人。江北、江西之行，所至辄败。况自近岁驭失其道，赏罚无章，中外之军，往往相谓战不如溃，功不如过。风声相挺，小则浮言谇语以扇其类，大则拥众称兵以凌其上，而欲恃此以为守，臣知其不可也。”（《本集》十九）奏上不数月，遂有临安首都军民交哄之怪剧（《宋季三朝政要》一）。禁卒之失律，遂成为朝野交谪之事实矣。

官兵如此，民团则何如？开庆元年（1259，元兵入临安前十七年），文天祥上封事言：“近时朝廷以保伍为意，官府下其事里胥。为里胥者沿门而行，执笔以抄其户口，曰官命而各为保伍也。已而上其籍于官，又从而垩通涂之壁，取其甲分五五而书曰保伍如右。所谓保伍，如此而已！臣居庐陵，往往有寇警，则乡里又起所谓义丁者。一日隅总击柝以告其一方曰：‘寇至毋去诸，而等各以某日聚某所，习所以守望。’至其日也，椎牛酾酒以待，随其所衣，信其所持，从而类编为之伍。一匝乎村墟井落之间，翕然而聚，忽然而散，则义丁者又止如此而已。今朝廷命使以团结，州县奉旨而行移，计其规为布置，当有加密于臣所言者。然某所若干人，某所又若干人，属邑合状帐申郡府，郡府合状帐申朝廷。计其数目当自不少，然其分也散而不一，其合也多而不精。故当其分，则乡村无以通于镇市，镇市无以通于城郭。虏突如其来，彼一方者，力不敌，势不支，老弱未及拣，教阅未及施，虽有金鼓旗帜之物，而未之坐作进退之节也；虽有城池山泽之险，而未知备御攻守之方也。且民之聚也，使之自恃其粮，自备其饮食，则有所不能，抑于官则无以给也，有以给则又不能久也。臣故曰无益也。”（《本集》三）

宋季军队不惟战斗力弱，即其数量亦不敷边防。端平初，魏了翁已言“两淮民兵见谓骁捷，然轻进易退，不足以当坚忍之铁骑。淮西精甲数万，自去岁东附、龙门两败，所失盖万五千，而他州陷没者犹不计。江上诸军稍堪行陈者，制司并其器械舟船摘所以去，今得还与否，皆未可知。而军分不明，尤为可虑，如骑司、戎司之军，皆非旧来屯戍之地。将不知兵，兵不习险，缓急不可倚仗。荆襄所恃保捷一军，十余年来颇已凋落，虽有新招镇北二万人，其如南北军殆如冰炭。荆鄂旧军二万余人，粗若可用，然仅存者六七千人。虽有外五军，亦不满数千。蜀中诸军，旧管九万八千，马二万，嘉定核实，裁为八万二千，马八千，则气势已不逮昔矣。近者更加核实，官军才六万余人，忠义万五千，而其间老弱虚籍者又未可计。是以五六万人，当口千七百里之边面，众寡强弱，此盖（不？）难见”（《本集》十九）也。其后理宗宝祐四年（1256），文天祥亦言：“自东海城筑而调淮兵以防海，则两淮之兵不足。自襄、樊复归，而并荆兵以城襄，则荆、湖之兵不足。自腥气染于汉水，冤血溅于宝峰，而正军、忠义空于死徙者过半，则川蜀之兵又不足。江、淮之兵又抽而入蜀，又抽而实荆，则下流之兵愈不足矣。荆湖之兵又分而策应，分而镇抚，则上流之兵愈不足矣。夫国之所恃以自卫者，兵也，而今之兵不足如此，国安得而不弱哉？扶其弱而归之强，则招兵之策，今日直有所不得已者。然召募方新，调度转急，问之大农，大农无财；问之版曹，版曹无财；问之饷司，饷司无财。自岁币银绢外，未闻有画一策为军食计者。”（《本集》三）盖宋季之民生与财政状况，已使大规模之扩张军备，为不可能，说详次节。

下　宋季之民生与国计

宋季民生国计上有三大事：曰土地之集中于贵势之家，曰楮币（即纸币）之滥发而低折，曰“和籴”“和买”之病民。

（1）初仁宗时曾诏限田，“公卿以下毋过三十顷，牙前将吏应复役者毋过十五顷，（按：盖公卿占田不得过三十顷，武官占田不限，惟其田之免役者限十五顷；故牙前将吏下特著‘应复役者’四字，而公卿下不著。）止一州之内。过是者论如违制律，以田赏告者。既而三司言限田一州，而卜葬者牵于阴阳之说，至不敢举事。又听数外置墓田五顷，而任事者终以限田不便，未几即废。后承平浸久，势官富姓占田无限，兼并冒伪，习以成俗，重禁莫能止，而官户田例免差科。政和中，乃诏品官限田，一品百顷，以差降杀，至九品为十亩，限外之数，并同编户差科”（《宋史·食货志》上一）。南渡后，官户田之优待废。绍兴二年（1132）户部侍郎柳约请复政和之制不果（《皇宋中兴两朝圣政》十一）。然其后官户田不仅回复政和间之优待，且全免役，故理宗时孙梦观进讲，谓：“朝廷固尝随官品以定顷亩之限，出于所限者仍同编户，今固未尝过而问之。”（孙梦

观《雪窗文集》二）

绍兴二年柳约之请复限田制也，右司谏方孟卿议之曰：“今郡县之间，官户田居其半，而占田过数者极少。若以格令免科需，则专取于民，必致重困。臣谓艰难之际，士大夫义当体国，岂可厚享占田之利？”（《中兴两朝圣政》十一）方孟卿之言无意中泄露南宋初年土地分配之概况。其所言及之状况，自以南宋之境域为限。“占田过数（一百顷以下之数）者极少”，非因尔时之地主有取于中庸之道也，其故似别有在。在过去一阶段之中国社会，大地主阶级自以官户为主体。故愈近政治之中心则官户愈多，而兼并亦愈烈。北宋时代，江淮以南兼并之烈，自当逊于大河两岸。当南宋初年，此之情况，不能即大有改变，盖新朝之统治者在播迁之余，尚少求田问舍之暇也。然即如此，官户田已居郡县之半矣。

在南宋初年占田逾百顷者尚少，至南宋末年则百顷之田主已无足齿数矣。理宗时，孙梦观进讲，言“迩来乘富贵之资力者，或夺人之田以为己物，阡陌绳联，弥望千里。囷仓星列，奚啻万斯”（《雪窗文集》二）。而理宗端平元年（1234），刘克庄在奏牍中描写富贵家之财产尤为具体。彼等“至于吞噬千家之膏腴，连亘数路（按：路为宋代最大之行政区域，有大于现今一省者）之阡陌。岁入（租）

号百万斛，为‘开辟以来未之有者’”（《刘克庄集》五一）。其后淳祐（理宗）六年（1246），谢方叔亦奏言：“今百姓膏腴皆归贵势之家，租米有及百万石者。”方叔更推原兼并促成之因曰：“小民百亩之田，频年差充保役，官吏诛求百端，不得已则献其产于巨室，以规免役。小民田日减而保役不休，大官田日增而保役不及。以此弱之肉强之食，兼并浸盛。”（《宋史·食货志》上一）

刘克庄、谢方叔皆言巨室有每岁收租至一百万斛者。当时岁租一百万斛之田，为亩几何？于此吾人得作一颇有趣之考据。理宗景定四年（1263）侍御史陈尧道等言：“一千万亩之田，则岁有六七百万斛之入。”（《宋史·食货志》上一）以比例推之，则岁入百万斛之田为一百四十三万亩而弱，即一万四千三百顷而弱，为政和限田最高度之一百四十三倍。

官户田在南宋已占郡县之半，至南宋末，更当远逾于此。其精密之比率虽不可知，然两浙及江南东、西三路（约等于今浙江、江苏、江西三省），在宋季土地集中之情形，吾人尚可得更亲切之印象。据景定四年陈尧道等之估计，此三路逾限之田有三千万亩（《宋史·食货志》上一）。其占田逾限之地主在限内所有之田共得若干，史无明文，试从低假定为限外之半，则集中于彼等手之田地已有四千五百万亩，彼等尚非三路中一切大地主也。讫今江西、浙江二省已垦之田各不过四千一二百万亩耳。

（2）楮币虽源于唐之飞钱，然飞钱之性质仅如近世之汇票，直接为交易媒介之楮币似创于宋。真宋时始行于蜀之民间，不久政府即收其发行之权而专之，更推行于他地。南宋初楮币之用始广，至南宋末，中国已成一楮币世界矣。宁宗开禧以后，楮币发行之数量，今可考者列表如下（表中所列盖仅中央发行之数，其四川、两淮、湖广发行之数似尚不在内）：

宁宗开禧间	一万四千余万贯	据戴埴《鼠璞》上
宁宗嘉定间	二万三千余万贯	据同前
理宗绍定六年（1233）	三万二千余万贯	据同前，参《宋史·食货志》
理宗淳祐六年（1246）	六万五千余万贯	据《雪窗文集》一

观上表可知，从绍定六年至淳祐六年（1233—1246）之十三年间，楮币突增加一倍以上。其后增加之数虽不可考，然以其时财政艰窘之情形推之，增加之率只有更速。

楮币既滥发，而政府不能尽量兑现，即兑现亦不十足，且赋税之缴纳又不能全用楮币（大抵楮钱各半），其低折乃势所必然。理、度两朝楮币低折之实数，史无明文，然从其前后之情形推之，略亦可见。宁宗开禧间“朝廷始诏江、浙诸道，（每贯）必以七百七十行用，（折扣）终非令之所能禁，嘉定初顿损其半”（《鼠璞》上《楮券源流条》）。及宋亡十余年后，楮币遂“有观音钞、画钞、折腰钞、波钞、熝不烂之说。观音钞，描不成，画不就，如观音貌美也。画者，如画也。折腰者，折半用也。波者，俗言急走，谓不乐受即走去也。熝不烂者，如碎絮筋查也”（《静斋至正直记》一）。理、度时之情形当去此不远。（孙梦观淳祐六年〈1246〉奏言：“今新楮之价，较之下方亦且削于曩之半矣。”见《本集》一。）

楮币事实上低降，而法令却不许其低降。商贾为避法及预防楮币低折之损失，只有高抬物价。此亦为宋季朝野交苦之一事。相传真德秀负一时重望，端平更化，人奚其来，若元祐之司马光也。是时楮轻物贵，民生颇艰，意真儒之用必有建明，转移之间，立可致治。于是民间为之语曰：

若欲百物贱，
直待真直院。

及入朝敷陈之际，首以尊崇道学，正心诚意为第一义，而复以《大学衍义》进。愚民无知，乃以其言为不切时务，复以俚语足前句云：

吃了西湖水，

打了一锅面。

市井小儿嚣然诵之。继参大政，未及有所建置而薨（《癸辛杂识》）。

宋季政府未尝无挽救楮轻之法，然其法转滋民怨。宁宗嘉定四年（1211），真德秀奏言“今新令之行，以旧券之二而易新券之一。傥郡县推行唯谨，则实惠岂不周流？然虑其间未能亡弊，或颁降有限，仅充官吏之橐，而弗及齐民；或胥吏要求，只给豪富之家，而弗及下户；或创局亡几，惠止城邑，而田里未免见遗；或争夺纷拏，难于禁止，而公私反致多事。……远近之人，赍持旧券，彷徨四顾，无所用之，弃掷燔烧，不复爱惜，岂不逆料它时之必至此乎”（《本集》二）。越二年，德秀又奏言：“今日关国脉盛衰，系民生休戚，其惟楮币一事乎！……自楮币之更，州县奉行失当，于是估籍徙流，所在相踵，而重刑始用矣。科敷（按：科敷谓责每户缴纳若干于政府）抑配，远近骚然，而厚敛始及民矣。告讦公行，根连株逮，而苛政始肆出矣。假称提之说，逞朘削之私者，唾掌四起，而酷吏始得志矣。夫是数者，岂朝廷本指哉？方其弊坏既极，不得已而变通之，出御府之金，捐祠曹之牒，展期以收换，多方以优恤，惟恐其病民也。法行之初，虽有情重估籍之文，未几又为之令曰：'当估籍者毋得专行，必闻于朝，以俟报可。'忠厚谨审之意，寓于不言，又若是其至也。而臣观今之州县间，务为新奇，创立科调，乃多出于朝廷约束之外。故有一夫坐罪，而昆弟之财并遭没入者矣，有亏陌田钱，而百万之赀悉从没入者矣。谓之奉法可乎？至于科富室之钱，朝廷之令所无也；拘盐商之舟，朝廷之令所无也；以产税多寡为差，令民藏券，此又朝廷之令所无也……臣闽人也，所谓家产满千钱藏券五十者，闽中之新令也。夫产满千钱，大约田几百亩，养生送死之费，县官征税之输，皆取具焉。非常之须，又不在是，安有余赀可市券而藏楮乎？况闽之为俗，土瘠人贫，号为甚富者视江浙不能百一。故此令既行，鬻田宅以收券者，虽大家不能免。岂便民之策耶？或者徒见楮价骤增，遂指以为新令之效，臣窃谓不然。乃者朝廷盖自有良画矣，曰福建上供，纯许用券。以一岁计之，为数几二百万。官之用券既多，则民之视券亦重。盖将不强之贵而自贵，不迫之藏而自藏矣。况民之输官者，钱楮各半，是朝廷缀见缗予州郡者亡虑百万，称提之助，沛然有余。尚何待它为科配乎？厥今四方之民病此极矣。”（《本集》二）“科敷”之弊，魏了翁在端平间曾拟补救之策，欲将“人户物力第为三等，而分为三限，以督其入。上者入初限，次者入中限，下者入末限。……盖欲藉上户气势，则以振作楮币，或可望其指日增价，一也。虑将来只是下户纳足，上户断然不纳，今先及上户则余人无词，二也。今未见亩步苗头之数，只得衮同科敷，是致中下户亦与上户无别。今若令上等先纳，次及中等，俟纳及太半之后，万一楮币顿复，则下户或可略与蠲减，或又全免，三也。此三说皆以示恤小之意，而条目之颁，乃未及此。或者不过曰，上户先期输纳，则中下户必市贵楮。不知中下户皆有官（？）之家，非皆朝不谋夕，独不能豫为之待乎？”（《本集》二十）然朝贵不以其策为然，终未采用。

（3）理宗初年，言理财者已承认农商之赋税，已重至无可复加矣。（端平元年刘克庄奏言：“前世或税于农，或榷于商，今税榷俱重不可复加。”见《本集》五一）然宋季人民之负担除赋税外，尚有所谓“和买”“和籴”者。二制皆源于北宋，其初由官先给民钱，而民输绢帛谓之“和买”，输粟谓之“和籴”。然和买在宋季竟成为不给直之强取，或令民输钱以代绢。和籴则在北宋已有“官虽量予钱布，而所得细微，民无所济，遇凶岁不蠲，最为弊法”之怨声；至宋季则“计产抛数非其（民所）乐，低估高量，几于豪夺”矣。（《刘克庄集》五一）

“和买”“和籴”非一时一地偶尔之事，岁岁有之，且除权势之家外，户户有之。（《宋史·食货志》上一，淳祐七年（1247）谢方叔言：“今日国用边饷皆仰和籴，然权势多田之家，和籴不容以加之。”以此例之，和买当亦不及巨室。）

宋季人民和买之负担，今可考得一例：“淳熙五年知江宁县事章碉偶因推排，平白将一厢（城南厢）三都分立和买两色，增科绵绢于民。房地僦赁则起所谓家业钱，店肆买卖则起所谓营运钱。有如房地钱日收一十文，足纽家业钱一贯六百二十三文七分，每及一贯文，即催和买绢五寸五分绵五分五厘，共折钱一百三十八文七分二厘。其店肆卖买，比之房地，尤无定准，皆是泛行约度。（足）纽营运钱每及一贯文，即催和买绢八寸绵八分，共折钱一百二十四文。”（《真德秀集》六）此为一较重之例，其轻亦不远也。

至和籴负担实数，文献无征。然宋季言财政而以纾民困为意者，其视和籴之废除，尤急于和买，则和籴负担之重，更甚于和买，可断言也。

救楮轻而免和籴为宋季财政上公认之一大问题。欲解决此问题，非政府新开一大财源不可。然于何开之？

端平元年（1234，元兵破临安之前四十二年）刘克庄为此建二策：一、择岁入百数十万斛之巨室，令所居郡县，各按版籍，十籴其七，若旁郡、邻县之侨产，则全籴焉。籴十年止，十年之外，国用少纾，则给其直。二、追大吏乾没之赃。据克庄言：“比年颛阃之臣、尹京之臣、总饷之臣、握兵之臣、拥麾持节之臣，未有不暴富者。”克庄谓：“田当没入，止籴其粟，粟之外货宝如山自若也。货当没入，止追其赃，其不追者犹不胜用也。此于贵家大吏无甚损，而国与民皆可小苏，不亦简而易行乎？”（《本集》五一）然当时莫能行也。

景定（理宗）四年（1263，元兵破淮安之前十三年）贾似道为相，欲行富国强兵之策，使陈尧道（殿中侍御史）等合奏：“廪兵、和籴、造楮之弊，乞依祖宗限田议，自两浙、江东、西官民户逾限之田，抽三分之一，买充公田，得一千万亩之田，则岁有六七百万斛之入，可以饷军、可以免籴、可以重楮、可以平物而安富，一举而五利具矣。”诏从其言。既而朝士诋诽者汹然，理宗亦稍犹豫，谓“永免和籴，无如买逾限田为良法。然东作方兴，权俟秋成续议施行”。似道以去就争之，乃降旨“买田永免和籴，自是良法美意，要当始于浙西，庶他路视为则也。所在利病各有不同，行移难于一律，可令三省照此施行”。于是似道举其浙西田万亩，献为公田。亲贵大吏，颇有继之者，异议渐息。（初行公田事，《宋史·食货志》上一记在景定四年（1263），《宋季三朝政要》三记在三年，《齐东野语》十七记在二年壬寅。按二年为辛酉，《野语》显误，兹从《宋史》。）初议收买者仅逾限之田，既而转为“派买”之说，除二百亩以下免行派买外，余悉各派买三分之一，其后虽百亩之家亦不免。立价以租一石者偿四十楮（一楮面值一贯），不及石者价随以减。（《宋史·贾似道传》言：“浙西田亩有值千缗者，似道四千缗买之。”）买数少者则全支楮券，稍多则银券各半，又多则副以度牒，至多则加以登仕、将仕、校尉、承信、承节、安人、孺人告身。准直以登仕三千楮，将仕千楮，许赴漕试；校尉万楮，承信万五千，承节二万，理为进纳；安人四千，孺人二千。其施行之际，或一时迎合，止欲买数之多，凡租六斗七斗者皆作一石，及收租之际，元额有亏，则取足于田主；或内有硗瘠及租佃顽恶之处，又责换于田主。于是一时大小田主之怨声载道。会景定四年（1263），彗星见，求直言。于是公卿、大夫、士庶指斥公田之论，喧腾朝野。似道力辨人言，请辞相位。御笔答云："言事易，任事难，自古然也。使公田之策不可行，则卿建议之始，朕已沮之矣。惟其上可以免朝廷造楮币之费，下可以免浙右和籴之扰，公私兼济，所以命卿决意举行之，今业已成矣。一岁之军饷皆仰给于此。若遽因人言而罢之，虽可快一时之异议，其如国计何？如军饷何？卿既任事，亦当任怨。礼义不愆，何恤人言？卿宜安心任职，毋孤朕倚毗之意。"自此异议又沮。然以阻力之大，公田之推行，终宋之世只及于浙西，而和籴之免亦只限于浙西耳。（参《宋史·食货志》上一，《咸淳遗事》上，《齐东野语》十七《景定行公田》条，《钱唐遗事》五《推排公田》条。）

景定五年（1264），似道又行一富国之策，即清丈田土，以杜匿税，当时谓之推排，亦即所谓经界，南宋自朱熹以来理学家所称道不已者也。景定推排之法，始行于平江、绍兴及湖南路，遂命诸路漕帅皆施行焉。至度宗咸淳六年（1270）以郡县推排，虚加寡弱户田租，害民为甚，令各路监司询访，急除其弊。八年（1272）台臣言江西推排结局已久，旧设都官团长等虚名尚在，占吝常役，诏罢之。（《宋史》纪、志皆不载推排事，仅于《贾似道传》著一语，此据《续文献通考·田赋考》一，本书据序"参以诸说部杂篇议论，博取文集"，惟此未详所出。）景定推排实施之经过，史载甚略。今可得知者，此事所召地主之怨毒不亚于公田，或且过之，以其推行之地较广也。当时有传诵之讽刺诗曰：

三分天下二分亡，
犹把江山寸寸量。
纵使一丘添一亩，
也应不似旧封疆。

又有题《沁园春》于道间者，曰：

道过江南，泥墙粉壁，右具在前，
述某州某县某乡某里，住何人地，佃何人田。
气象萧条，生灵憔悴，经界从未必然。
惟何甚？为官为己，不把人怜。

思量，几许山川！况土地分张又百年！
正西蜀巉岩，云迷鸟道，两淮清野，日警狼烟。
宰相弄权，奸人罔上，谁念干戈未息肩？
掌大地，何须经界，“万取千焉”？

（右据《钱唐遗事》五《推排田亩》条，亦见《古杭杂记》。近人言土地制度有引此条为指公田之事者，大误。）

公田、推排之实施，使南宋政府与资产阶级发生利益冲突，而相乖离。南宋政府瓦解之速，此未始非其一要因。在民众未有组织之前，资产阶级之拥护，与一政府之存在，关系甚大，此乃无可如何之历史事实也。最后南宋政府不能不向资产阶级认错求援，然无益矣！少帝德祐元年（1275）春，贾似道既去国，北军已抵升、润，察院季可奏乞罢公田之籍，以收农心，谓："此事苛扰，民皆破家荡产，怨入骨髓；若尽还原主，免索原钱，而除其籍，庶使浙西之人，永绝公田之苦。"然而仅放欠租。季遂再奏，始有旨云："公田之创，非理宗之本意，稔祸召怨，最为民苦，截日住罢，其田尽给付其原佃主，仰率租户义兵会合防拓。"其后勘会谓招兵非便，且其田当还业主，于种户初无相干。秋成在迩，饷军方急，合且收租一年，其还田指挥，俟秋成后集议施行。有旨将平江、嘉兴、安吉公田照指挥蠲放，却从朝廷照净催米数回籴，其钱一半给佃主，一半给种户，以溥实惠，业主竟无与矣。盖业主佃主之分，当时用事者亦不能晓也。然边事日急，是时仍收公租。还田之事，竟不及行。

要之，宋在季年欲自固不能不扩军，欲扩军不能不用财。然是时国中财富集于巨室，齐民盖藏既鲜，而税担已重。加敛于齐民，则齐民无以堪命；强征于巨室，而巨室离心。此南宋之所以不得不亡也。

（原载《燕京学报》第20期，1936年12月）

国家新闻出版广电总局
首届向全国推荐中华优秀传统文化普及图书

‖大家小书书目

经典常谈	朱自清 著
语言与文化	罗常培 著
习坎庸言校正	罗 庸 著 杜志勇 校注
鸭池十讲（增订本）	罗 庸 著 杜志勇 编订
古代汉语常识	王 力 著
国学概论新编	谭正璧 编著
文言尺牍入门	谭正璧 著
日用交谊尺牍	谭正璧 著
敦煌学概论	姜亮夫 著
训诂简论	陆宗达 著
金石丛话	施蛰存 著
常识	周有光 著 叶 芳 编
文言津逮	张中行 著
中国字典史略	刘叶秋 著

古典目录学浅说	来新夏　著
闲谈写对联	白化文　著
怎样使用标点符号（增订本）	苏培成　著
诗境浅说	俞陛云　著
唐五代词境浅说	俞陛云　著
北宋词境浅说	俞陛云　著
南宋词境浅说	俞陛云　著
人间词话新注	王国维　著　滕咸惠　校注
苏辛词说	顾　随　著　陈　均　校
诗论	朱光潜　著
唐诗杂论	闻一多　著
诗词格律概要	王　力　著
唐宋词欣赏	夏承焘　著
槐屋古诗说	俞平伯　著
词学十讲	龙榆生　著
词曲概论	龙榆生　著
中国古典诗歌讲稿	浦江清　著 浦汉明　彭书麟　整理

唐人绝句启蒙	李霁野　著
唐宋词启蒙	李霁野　著
古典文学略述	王季思　著　王兆凯　编
古典戏曲略说	王季思　著　王兆凯　编
唐宋词概说	吴世昌　著
宋词赏析	沈祖棻　著
道教徒的诗人李白及其痛苦	李长之　著
闲坐说诗经	金性尧　著
陶渊明批评	萧望卿　著
舒芜说诗	舒　芜　著
名篇词例选说	叶嘉莹　著
唐诗纵横谈	周勋初　著
楚辞讲座	汤炳正　著 汤序波　汤文瑞　整理
好诗不厌百回读	袁行霈　著
山水有清音 ——古代山水田园诗鉴要	葛晓音　著

门外文谈	鲁　迅　著
我的杂学	周作人　著　张丽华　编
论雅俗共赏	朱自清　著
文学概论讲义	老　舍　著
中国文学史导论	罗　庸　著　杜志勇　辑校
给少男少女	李霁野　著
鲁迅批判	李长之　著
英美现代诗谈	王佐良　著　董伯韬　编
三国谈心录	金性尧　著
夜阑话韩柳	金性尧　著
英语学习	李赋宁　著
漫谈西方文学	李赋宁　著
历代笔记概述	刘叶秋　著
笔祸史谈丛	黄　裳　著
古典诗文述略	吴小如　著
有琴一张	资中筠　著
鲁迅作品细读	钱理群　著
唐宋八大家——古代散文的典范	葛晓音　选译

红楼梦考证	胡　适　著	
《水浒传》与中国社会	萨孟武　著	
《西游记》与中国古代政治	萨孟武　著	
《红楼梦》与中国旧家庭	萨孟武　著	
《金瓶梅》人物	孟　超　著	张光宇　绘
水泊梁山英雄谱	孟　超　著	张光宇　绘
《红楼梦》探源	吴世昌　著	
《西游记》漫话	林　庚　著	
细说红楼	周绍良　著	
红楼小讲	周汝昌　著	周伦玲　整理
曹雪芹的故事	周汝昌　著	周伦玲　整理
古典小说漫稿	吴小如　著	
三生石上旧精魂 ——中国古代小说与宗教	白化文　著	
《金瓶梅》十二讲	宁宗一　著	
古体小说论要	程毅中　著	
近体小说论要	程毅中　著	
文学的阅读	洪子诚　著	
中国戏曲	么书仪　著	

中国史学入门	顾颉刚　著	何启君　整理
秦汉的方士与儒生	顾颉刚　著	
三国史话	吕思勉　著	
史学要论	李大钊　著	
中国近代史	蒋廷黻　著	
民族与古代中国史	傅斯年　著	
五谷史话	万国鼎　著	徐定懿　编
民族文话	郑振铎　著	
史料与史学	翦伯赞　著	
唐代社会概略	黄现璠　著	
清史简述	郑天挺　著	
两汉社会生活概述	谢国桢　著	
中国文化与中国的兵	雷海宗　著	
两宋史纲	张荫麟　著	
明史简述	吴　晗　著	
北宋政治改革家王安石	邓广铭　著	
从紫禁城到故宫——营建、艺术、史事	单士元　著	
史学遗产六讲	白寿彝　著	

司马迁之人格与风格	李长之　著
司马迁	季镇淮　著
唐王朝的崛起与兴盛	汪　篯　著
二千年间	胡　绳　著
论三国人物	方诗铭　著
考古发现与中西文化交流	宿　白　著
中国古代国家的历史特征	张传玺　著
艺术、神话与祭祀	张光直　著 刘　静　乌鲁木加甫　译
中国古代衣食住行	许嘉璐　著
中国古代史学十讲	瞿林东　著
黄宾虹论画	黄宾虹　著
中国绘画史	陈师曾　著
和青年朋友谈书法	沈尹默　著
中国画法研究	吕凤子　著
桥梁史话	茅以升　著
中国戏剧史讲座	周贻白　著
俞平伯说昆曲	俞平伯　著　陈　均　编

新建筑与流派	童　寯	著		
论园	童　寯	著		
拙匠随笔	梁思成	著	林　洙	编
中国建筑艺术	梁思成	著	林　洙	编
沈从文讲文物	沈从文	著	王　风	编
中国画的艺术	徐悲鸿	著	马小起	编
中国绘画史纲	傅抱石	著		
中国舞蹈史话	常任侠	著		
海上丝路与文化交流	常任侠	著		
世界美术名作二十讲	傅　雷	著		
中国画论体系及其批评	李长之	著		
金石书画漫谈	启　功	著	赵仁珪	编
吞山怀谷——中国山水园林的艺术	汪菊渊	著		
中国古代音乐与舞蹈	阴法鲁	著	刘玉才	编
梓翁说园	陈从周	著		
旧戏新谈	黄　裳	著		
民间年画十五讲	王树村	著	姜彦文	编
民间美术与民俗	王树村	著	姜彦文	编

长城史话	罗哲文　著
中国古园林概说	罗哲文　著
现代建筑奠基人	罗小未　著
世界桥梁趣谈	唐寰澄　著
如何欣赏一座桥	唐寰澄　著
桥梁的故事	唐寰澄　著
园林的意境	周维权　著
万方安和 ——皇家园林的故事	周维权　著
现代建筑的故事	吴焕加　著
中国古代建筑概说	傅熹年　著
国学救亡讲演录	章太炎　著　蒙　木　编
简易哲学纲要	蔡元培　著
大学教育	蔡元培　著 北大元培学院　编
老子、孔子、墨子及其学派	梁启超　著
中国政治思想史	吕思勉　著
天道与人文	竺可桢　著　施爱东　编

春秋战国思想史话	嵇文甫　著	
晚明思想史论	嵇文甫　著	
新人生论	冯友兰　著	
中国哲学与未来世界哲学	冯友兰　著	
谈美书简	朱光潜　著	
中国古代心理学思想	潘　菽　著	
民俗与迷信	江绍原　著	陈泳超　整理
佛教基本知识	周叔迦　著	
儒学述要	罗　庸　著	杜志勇　整理
希腊漫话	罗念生　著	
佛教常识答问	赵朴初　著	
大一统与儒家思想	杨向奎　著	
孔子的故事	李长之　著	
西洋哲学史	李长之　著	
乡土中国	费孝通　著	
社会调查自白	费孝通　著	
经学常谈	屈守元　著	
墨子与墨家	任继愈　著	
汉化佛教与佛寺	白化文　著	
中西之交	陈乐民　著	

出版说明

“大家小书”多是一代大家的经典著作，在还属于手抄的著述年代里，每个字都是经过作者精琢细磨之后所拣选的。为尊重作者写作习惯和遣词风格、尊重语言文字自身发展流变的规律，为读者提供一个可靠的版本，“大家小书”对于已经经典化的作品不进行现代汉语的规范化处理。

提请读者特别注意。

北京出版社